## 정글같은 삶속에서 벌어지는 숨막히는

# 세금의 배신
## TAX BETRAYAL

저자 **송 경 학** 세무사(법학박사)

| Series 1 | 다양한 세금체계를 OECD 국가들과 비교하여 국가재정 운용의 기준점을 제시한다.
| Series 2 | 일상에서 벌어지는 예상치 못한 상속세·증여세 분쟁과 세금을 다룬다.
| Series 3 | 기업을 운영하면서 발생하는 다양한 법인세 추징사례와 해결방안을 모색한다.

정글같은 삶속에서 벌어지는 숨막히는
# 세금의 배신

| | |
|---|---|
| 발 행 일 | 2021년 4월 |
| 지 은 이 | 세무사 송경학(법학박사) |
| 출판기획 | 세무법인 다솔WM 제2본부 |
| 펴 낸 곳 | (주)더존테크윌 |
| 주　　소 | 서울시 광진구 자양로 142, 청양빌딩 3층 |
| 등록번호 | 제25100-2005-50호 |
| ISBN | 979-11-6306-034-5 |
| 정 가 | 18,000원 |

본서는 세법의 빈번한 개정과 새로운 행정해석으로 인하여, 저자의 사례해설에 따른 적용결과의 그 완전성이 보장되는 것이 아닙니다. 반드시 세무전문가와 상담하여 세무리스크에 대한 충분한 검토가 필요합니다.

## 저자약력

저자 송경학은

현재 고려대학교 정책대학원 조세재정학과 겸임교수이자 세무법인다솔WM 제2본부 대표이다. 그는 조세의 명문 서울시립대 세무학과를 졸업하고 고려대학교 대학원 조세재정학과 석사를 거쳐 성균관대학교 법학전문대학원에서 조세법 전공으로 박사학위를 취득하였다. 오랫동안 조세경제학자로서 시장경제와 조세정책을 고려대학교에서 강의하여 오고 있다. 그는 삼일회계법인 조세법률팀을 퇴사 후 현직 세무사로서 활동하며 금융자산을 활용한 자산관리세무Asset management tax 분야에서 두각을 나타내어 은행·증권·보험사 PBPrivate banking를 상대로 금융조세 강의를 수 천회 하였다. 현재 금융·보험 세무분야에서 우리나라 최고의 세무사로 평가되고 있다. 그는 강의·저술 활동뿐만 아니라 우리나라의 정책 싱크탱크A group of thinkers 인 한반도선진화재단의 경제선진화 연구회 부회장으로 있으며 공동체 자유주의를 가치로 한 조세경제분야를 연구하고 있다. 이외에도 故 운경 이재형 선생이 설립한 운경재단의 감사로 활동하며 우리나라의 가장 우수한 인재를 길러내는 장학재단의 도우미로 활동하고 있다. 저서로는 세금의 배신, 송경학세무사에게 상속의 길을 묻다, 현직 세무사가 알려주는 상속증여세 절세비법 등 수많은 베스트셀러를 집필하였다.

조세정책제안, 강연문의, 상속세신고·조사업무 문의
tax95@naver.com(02-582-1812) / 세무법인 다솔WM 제2본부

# 세금의 배신
## Tax betrayal

2019년 12월부터 생각지도 못한 역병이 시작되었다. 그 공식 명칭은 SARS-Cov-2이다. 이 역병은 단순히 사람들의 생명만 위협한 것이 아니라 전 세계의 경제시장을 멈춰 세웠다. 복지재정 확대와 고용증가의 목적으로 기존의 경제적 약자나 저소득층에게 지급되던 보조금이 일반 국민들에게도 재난지원금으로 다가가는 새로운 패러다임을 맞이 하였다. 인공지능의 확대와 기술격차로 인한 소득의 불균형에 대한 논의는 기존의 선별적 사회복지의 한계를 넘어 보편적 복지인 기본소득제universal basic income를 불러왔다. 수평적 복지에 대한 실험은 청년기본소득, 농어촌기본소득의 형태로 확대되고 있다. 이러한 사회복지 현상에 대하여 효율성을 강조한 안심소득세negative income tax가 기본소득제의 재정수요의 한계를 비판하며 치열하게 시장에서 경합하고 있다. 양쪽의 복지재정 정책은 접점에서 만날 확률이 매우 높다. 여하튼 보편성과 효율성의 경합속에 어떠한 복지를 선택하든 재정수요전문가들은 기존 재원의 한계점을 인식하고 새로운 재정수요를 확대하기 위하여 증세의 방법론에 대하여 논의하기 시작했다. 과거 시장의 증세는 보편적 증세보다는 특정계층에게 부담을 지우는 핀셋증세가 대체로 논의되고 있었으나 최근에는 면세점을 축소시키는 보편적 증세와 조세저항이 적은 간접세의 세율 조정에 무게가 옮겨가며 로봇세Robot tax, 데이터세Data tax, 디지털세Digital tax, 탄소세Carbon tax등 흥미진진한 세금도 논의의 대상에 올리고 있다. 저자는 이 책을 통하여 현재 논의되고 있는 다양한 세목을 OECD 국가들과 비교하면서 어떤 부분에 대하여 우리가 세원을 극복할 수 있는가에 대하여 비교 설명하였다. 만약에 특정 세원을 급격하게 늘일 수 없다면 국가부채를 어떻게 관리해야 되는지도 언급하였다.

국가가 선의로 집행하는 정책이 때로는 오류가 발생할 수 있다. 그 오류는 시장의 시스템이 자동적으로 정화작용을 해야 한다. 그러나 유독 우리나라 부동산시장은 그렇지 못하고 조세정책의 기능이 상실된다. 욕망이 세금을 앞서기 때문이다. 경제학 용어인 조세의 초과부담 deadweight loss은 징벌적 세금 unitive tax으로 표현되며 지금 대한민국에서 치열하게 논쟁이 되고 있다. 조세저항의 심리를 간접적으로 표현하고 있는 것이다. 조세부과는 결국 경제적 약자나 저소득층에게 전가 tax forward shifting되어 귀착될 수 있기에 정책입안자는 신중하여야 한다. 저자는 이 책을 통하여 우리나라 부동산 시장가격이 어떠한 조세정책으로 안정된 가격을 찾아갈 수 있는지 OECD 국가들간의 부동산 세금을 비교하면서 설명하였다. 최종적인 조세의 설계는 거래세는 낮추어주고 보유세는 실거주와 투기세력과 구분하여 과세 정도를 달리하는 쪽으로 기울어진다.

저자가 책 제목을 세금의 배신이라고 정한데는 점점 늘어나는 조세는 국민의 가처분소득을 감소시키고 국가경제에는 구축효과 crowding-out effect를 발생시키는 부작용을 가져올 수 있기 때문이다. 우리나라 분만 아니라 세계는 코로나19에 대응하고 경제위축을 막기 위해 현재 적자재정이 필수불가결해 보인다. 하지만 우리나라는 기축통화국가가 아니기에 늘 재정집행에 신중하여야 하고 낭비되는 요소가 없어야 한다. 여러 경제학자들이 경고하듯이 빚은 반드시 복수하고 누군가 갚아야 하기 때문이다.

본문의 시리즈 2편에는 최근에 가장 관심을 받고 있는 상속세등에 예상하지 못한 못한 세금의 사례들을 예시하였다. 마지막으로 시리즈 3편에서는 기업들이 겪는 다양한 세금고충과 해결방안을 제시하였다. 우리들이 예측하지 못한 세금이 가산세까지 붙어서 고지되는 것 또한 세금의 배신이다.

이 책은 비록 현재 사회의 문제점들에 대한 완벽한 해답을 제시하지는 않지만 조세경제학자로서 우리가 긍정적으로 생각했던 세금정책들 뒤에 어떠한 후폭풍이 기다리고 있는지 그리고 이들이 어떻게 우리를 배신해 왔는지에 대해 이야기해보고자 한다. 이로서 사회계약의 불공정과 불평등에 대한 기존의 인식의 반향을 제공하고 싶다.

2021년 4월

저자 송 경 학

# CONTENTS

## Series 1  조세와 재정의 논의

01. 보유세와 도살적 과세에 대한 논쟁 "세금은 집값에 전가된다" ······ 10
02. 징벌적 조세는 생산자와 소비자 그리고 국가 모두 경제적 순손실 ······ 27
03. 포퓰리즘과 경제적 약자의 인플레이션 "달콤한 것과 씁쓸한 것은 함께 온다" ······ 34
04. 소득주도 성장론의 비판적 견해들 "베네수엘라, 그리스의 안일한 경제정책" ······ 42
05. IMF 국가부채 재정통계기준과 국가채무의 위기 "한국, 부채부담 폭발 우려" IMF의 경고 ······ 50
06. 국가불행의 씨앗 인구감소와 재정준칙의 필요성 ······ 60
07. 트로이의 목마 : 근로소득 면세자 비율이 38.9% ······ 66
08. 조세지출을 통한 세제혜택의 최종귀착지는 대부분 중소기업과 저소득층 ······ 71
09. OECD국가들의 부가가치세율 경쟁력 인상 소비도 소득이다 ······ 76
10. OECD국가들의 상속세 폐지가 주는 시사점 "자본은 손쉽게 이동한다" ······ 81
11. 기업 리쇼어링을 통한 성장과 조세정책 "기업이 살아야 나라가 산다" ······ 87
12. 기본소득제(UBI)에 대한 찬반논의와 UBI BOX의 필요성 ······ 98
13. 인공지능 및 자동화의 발전과 노동 가치의 하락 그리고 로봇세 ······ 111
14. 기후변화와 탄소세 그리고 조세저항 ······ 115
15. 디지털 인류Z와 디지털경제의 조세정책 ······ 127
16. 공유경제와 조세정책의 대응방안 ······ 133
17. 경제가 가장 싫어하는 것은 이념이다 "바보야 문제는 경제야!" ······ 140

## Series 2  상속·증여세 편

01. 남편 사망 직전 이혼해 50억대 재산분할 대법 "적법하다" ······ 150
02. 1세대 1주택 비과세 발목잡은 숨겨둔 처의 오피스텔 ······ 153
03. 상속재산 지분 분쟁 현금청산시 양도소득세 과세 ······ 155
04. 유명골프광 K회장 골프내기로 인출한 현금 상속인들에게 입증요구 ······ 157
05. P회장 하와이 치매병원비 오히려 아들에게 증여세 고지 ······ 160
06. 골프장 비밀벙커에 숨겨둔 금괴·달러등 P회장 사망 후 5년 뒤 끝내 국세청에 덜미 ······ 163
07. 피보험자를 남편으로 한 생명보험 배우자에게 예상치 못한 상속세 고지 ······ 165
08. 상속인이 퇴직금포기 각서 적었더니 오히려 상속세 고지 ······ 167

09. 회사에 넣은 개인 대여금이 상속재산으로 추징 ········ 169
10. 대표이사의 무상 가수금 특수관계자 주주들에게 증여세 고지 ········ 172
11. 가지급금이 상속부채로 공제되지 않는다는 국세청의 거절 ········ 175
12. 9년 전 부모에게 차입했다는 차용증 이제 와서 차입금 변제사실에 대해 확인요구 ········ 178
13. 14년 전 토지보상금 80억, 자녀들에게 사전증여세 및 가산세 80억 고지 ········ 180
14. 가업상속 공제 후 재무이사의 판단잘못으로 상속세 100억 추징 ········ 183
15. 현물출자 대신 영업권만 평가하여 법인전환, 돌아오는건 가업상속공제부인 ········ 185
16. 명의신탁주식 찾아오지 못하면 상속분쟁으로 압류 ········ 188
17. 차명주식 분산양도 실질과세원칙 적용, 하나의 거래로 간주 ········ 190
18. 배우자가 상속받은 주식 총평균법 소각으로 보아 소득세 15억 추징 ········ 193
19. 매매대금은 30년간 나누어서 받는 은밀한 절세비법에 증여세 40억 고지 ········ 195
20. 부모찬스 결혼식 축의금 증여세 추징 ········ 197
21. L회장 토지에 자녀가 호텔지어 임대했더니 토지무상 사용이익에 증여세 고지 ········ 199

# Series 3 기업 편

01 중견제조업체 J대표이사 영화같은 작전세력에 기업자금 다 날리고, 세금폭탄 ········ 204
02. 기억력만 존재하는 시행사 로비자금 증거서류 없어 대표자 상여처분 ········ 207
03. 회사 가지급금을 외상매출채권으로 변칙 회계처리 그리고 막대한 세금 추징 ········ 210
04. 모집비용으로 지급한 금전 가지급금으로 대표자에게 세금처분 ········ 212
05. 음성적인 리베이트 목적 현금인출 FIU에 노출 심층세무조사 빌미 ········ 215
06. 망한 것도 억울한데 가지급금도 폐업하니 소득세 9억 고지 ········ 218
07. 기계장치 대금 환율불안으로 지연해서 받았더니 가지급금으로 법인세 추징 ········ 220
08. 위장 퇴직하여 가지급금 변제했더니 세금 5억 고지 ········ 222
09. 자기주식매매 업무무관가지급금으로 법인세 과세 ········ 225
10. 이익소각으로 가지급금 해소 그러나 실질과세원칙 적용되어 세금추징 ········ 227
11. 법인의 가수금이 법인 세무조사 빌미되어 회사는 나락으로 ········ 231
12. 개인사적비용으로 세금 줄이다가 세무조사 ········ 235
13. 연말의 이익 대표이사 상여금 처리했더니 배당으로 간주해서 법인세 추징 ········ 238
14. 법인설립시 현물출자 후 이월과세 부인 예상치 못한 양도소득세 과세 ········ 240
15. 법인CEO 생명보험 납입액 상속세 재원확보의 필요성 ········ 243

# Tax betrayal Series 1

# 세금의 배신
## 시리즈 1
### 조세와 재정의 논의

다양한 세금체계를 OECD 국가들과 비교하여
국가재정 운용의 기준점을 제시한다.

# 01_
## 보유세와 도살적 과세에 대한 논쟁
### "세금은 집값에 전가된다"

　2020년 7월 10일, 이른바 '7·10 부동산 대책'을 발표했다. 대책의 핵심은 '투기 세력'으로 구분되는 다주택자와 단기 보유자에 대한 〈징벌적 과세 3종 세트〉이다. 실수요자들의 주택 구입을 어렵게 하는 개인·법인 투기 세력에 대해 #취득세, #종합부동산세, #양도소득세를 높여 투기를 억제한다는 것이 핵심 내용이다. 세율을 높여 부동산 추가구입이나 특수관계자 증여를 억제하는 동시에 무거운 보유세로 다주택자들의 시장매물을 압박하기 위해서이다. 현재 사상 초유의 부동산 폭등의 불을 끄기 위해 모든 세제를 동원하고 있는 것이다. 그러나 다주택자들이 얻은 자본차익을 무조건 투기행위로 간주하여 과도한 조세가 시장에 개입될 경우 부과된 보유세는 전가되어 경제적 약자들의 전세보증금과 월세의 증액으로 나타날 가능성이 높다. 세금을 전가시키지 못한다면 부담한 보유세만큼 부동산 가격은 올라가게 된다. 결국 부과된 세금은 징벌적이거나 '도살적과세Erdrosselnde Besteuerung'가 되어 중산층, 가난한 사람 모두가 나누어 내는 불편한 시대로 이끌게 된다. 세금 부담으로 인해 기존의 재산을 그대로 유지할 수 없도록 만드는 '도살적 과세'에 대한 해답을 찾지 않으면 부동산 시장의 가격은 계속적으로 왜곡되게 된다. 일방적인 세금규제 정책보다는 부동산공급과 동시에 시장에 불안한 심리로 인한 가수요나 투기수요를 만들지 않는 정부정책의 시그널이 매우 중요하다.

## OECD 국가들의 부동산 조세정책의 시사점

최근 다주택자에 대한 보유세 입법 개정이 있기 전 우리나라의 부동산 보유세는 OECD 국가들에 비해 상당히 낮았다. 반면 부동산 거래세와 양도세는 OECD 국가들에 비해 상당히 높은 수준이었다. 부동산 투기를 막고 세수를 확보하는 손쉬운 수단으로 보유세 대신 거래세 관련 세금을 활용해왔지만 최종 실패한 정책이 되었다. 우리나라는 과거부터 보유세가 낮았기 때문에 부동산 매수자가 레버리지를 활용하여 부동산 투기를 반복적으로 하더라도 조세부담을 가지지 않았다. 처분했을 때의 양도소득세는 언제나 우호적으로 변경된다는 그들의 희망은 학습효과로 굳어져 갔다. 그 이외에도 정부가 제공한 주택임대사업자 혜택은 부동산 투기의 꽃길을 열어주었다. 부자를 더욱 부자로 만들어 주었다. 25차례에 걸친 특정지역의 땜방식 부동산 규제정책은 서울인근지역과 지방에 풍선효과를 가지고 오고 가격의 높낮음, 지역의 구분없이 전국을 부동산 투기장으로 만들어 주는데 일조하였다. 현재 부동산 가격의 폭등 후 남은 것은 세금과 거주이전의 제한 그리고 저금리 때문이라는 정부의 변명뿐이다.

OECD 국가들 대부분 1주택자에게는 보유세를 경감하거나 완화를 시켜주고 있으며 다주택자에게는 보유세가 중과된다. 반면 거주이전의 자유를 위하여 취득세와 양도소득세를 과세하지 않거나 단일세율로 낮게 과세하고 있다. 무거운 보유세 부담액은 부동산 과다보유를 억제하고 시장에서의 낮은 거래세는 자유로운 거래를 보장하여 시장참여자들에게 시장의 본질적인 가격을 찾아가게 만들어 준다. 이러한 정책은 가격안정화 면에서 오히려 부동산 규제정책 보다 효과를 발휘한다. 이외에도 OECD 국가들은 대부분 보유세의 주 수입원을 보유세 납부지역의 교육·치안·공공행정 등의 재원으로 활용하기 때문에 수익자가 세금을 부담한다는 개념으로 지방세로 부과된다. 국세로 흡수되어 보편적 세원으로 사용되는 우리나라와는 다른 개념이다. 아래의 〈표〉를 보면 2018년도 기준 우리나라의 거래세는 OECD 국가들에 비해 상당히 높으나 보유세는 매우 낮음을 알수 있다. 2021년 부터 적용되는 다주택자에 대한 양도소득세 중과세 세율과 주택공시가

주요 OECD 국가 부동산 관련 세금비율

(GDP대비 단위 : %)

| 구분 | 보유세 | 거래세 | 합계 |
|---|---|---|---|
| 한국 | 0.9* | 1.51 | 2.4 |
| 미국 | 2.7 | 0.1 | 2.8 |
| 영국 | 3.1 | 0.8 | 3.9 |
| 일본 | 1.9 | 0.3 | 2.2 |
| 프랑스 | 2.6 | 0.8 | 3.4 |
| 캐나다 | 3.1 | 0.3 | 3.4 |

출처 : 2018 OECD, Revenue Statistics

* 2020. 7. 10. 대책으로 다주택자와 법인은 1.2%~6% 세율 적용으로 OECD 기준으로 접근, 결국 거래세와 보유세를 합하면 부동산에게 부과되는 세금비율이 현재 세계 1위로 추정된다.

액 인상으로 인한 종합부동산세(2019년 : 2.7조, 2020년 : 3.6조, 2021년 : 5.3조 추정)의 증가로 판단해보면, 부동산 관련 세금이 세계 1위에 가깝다. 2021년 종합부동산세는 최고 6%까지 세율이 인상된다.

우리나라의 거래세는 실효세율(민간보유 부동산 시가총액 대비 거래세)도 높은 편이다. 2018년도 경제협력개발기구(OECD) 조세수입통계엑 따르면 취득세등 거래세는 35조 9천억원으로 동일연도 GDP대비 2.1%에 이른다. 증권거래세 8조 5천억원을 제외하면 27조 4천억원이 부동산 거래세 규모이며 GDP의 1.51% 규모이다. 국회입법조사처가 발표한 자료에 의하면 GDP 대비 보유세(재산세+종합부동산세)는 2018년 0.9%에서 2019년도 1.34%로 증가해 경제협력개발기구(OECD) 평균인 1.06%(2018년 기준)보다 높았다. 아래의 〈표〉는 2018년 기준 우리나라 보유세 및 거래세의 세부항목이다.

### 2018년 기준 우리나라 보유세/거래세 규모 및 항목

(GDP대비 단위 : %)

| 부동산 보유세 | | | 부동산 거래세 | | |
| --- | --- | --- | --- | --- | --- |
| 세목 | 금액 | GDP비중 | 세목 | 금액 | GDP비중 |
| 합계 | 15.6 | 0.9 | 합계 | 27.4 | 1.51 |
| 재산세 | 11.5 | 0.6 | 취득세 | 23.8 | 1.3 |
| 종합부동산세 | 1.9 | 0.1 | 농어촌특별세 | 1.0 | 0.1 |
| 농어촌특별세 | 0.4 | 0.02 | 등록면허세 | 1.7 | 0.1 |
| 지역자원신설세 | 1.6 | 0.1 | 인지세 | 0.9 | 0.04 |
| 주민세(재산세) | 0.2 | 0.01 | | | |

출처 : 국회예산정책처(2018 OECD, Revenue Statistics부분)

## 미국의 보유세 제도
## (2 similar but 2 different, 2% cap rule)

미국의 재산관련세가 GDP에서 차지하는 비중은 2019년 현재 2.87%이고 보유세가 GDP에서 차지하는 비중은 2.68%이다. 미국의 재산관련세에서 보유세의 비중이 90%를 넘을 정도로 미국은 보유세 위주의 재산관련세 제도를 운용하고 있다. 미국에서는 한국의 취득세에 해당하는 재산 거래세가 OECD의 Revenue Statistics 기준으로 거의 걷히지 않고 있지만 기타 재산세(Other non-recurrent taxes on property)에 속하는 세목의 규모가 상당히 큰 편이다.* 미국의 보유세인 재산세는 지역별, 유형별로 매우 다양한 세율 체계를 갖고 있는데 주목할 점은 미국에는 여러 형태의 지방정부들이 존재하고 이러한 지방정부들이 각각 나름대로의 재산세를 부과한다는 점이다. 뉴욕주의 경우를 예로

**미국 주택용 건물 재산세 순위**

| 재산세 세율이 높은 지역 | | 재산세 세율이 낮은 지역 | |
|---|---|---|---|
| County | tax rate | County | tax rate |
| 뉴저지 | 2.47% | 하와이 | 0.28% |
| 일리노이 | 2.30% | 앨리배마 | 0.43% |
| 뉴헴프셔 | 2.20% | 워싱턴 | 0.57% |
| 코네티컷 | 2.11% | 캘리포니아 | 0.77% |
| 위스콘신 | 2.91% | 오클라오마 | 0.87% |

출처 : 2020 Report Ranks U.S Property Taxes BY state Waller Hub

---

* 기본소득형 국토보유세 실행방안 연구 [경기연구원 연구보고서] 작성자 경기연구원

들면 뉴욕주에는 뉴욕시와 함께 카운티, 시, 타운, 학교구 등과 같은 지방정부들이 존재하는데 이 지방정부들이 모두 재산세를 각각의 세율을 적용하여 부과하고 있다. 예외적으로 재산세율이 낮더라도 집값이 높아 세수가 충분히 확보되는 지역도 있다. 대표적인 곳이 하와이다.

　미국의 재산세의 시사점은 보유세 비율이 높더라도 지역발전을 위해 사용되기에 매우 납세 순응적이다. 보유세의 기준이 되는 부동산의 평가액은 고정자산의 개념으로 최초 취득가액으로 정해진다. 오래 보유할수록 과거 구입시점의 취득원가가 과세표준이 되기에 유리하다. 만약 매년 기준시가 평가액으로 과세표준을 정하더라도 직전년도 대비 상한 캡 2%가 적용되기에 재산세 납부금액이 예측가능하다. 매년 깜깜이 기준시가의 상승률로 정해지는 우리나라에 비해 조세저항이 작다. 또한 보유세 납부액과 주택구입에 대한 이자비용을 종합소득세 세무보고 시 소득공제를 적용한다. 연간 소득이 5만달러인 A씨가 1만달러를 보유세로 냈다고 하자. 그러면 A씨는 소득을 4만달러로 계산해 소득세를 부과받는다는 것이 되므로 평균세율이 25%라고 가정하면 2,500달러의 소득세가 감소한다. 현재 미국연방세법은 부부합산 연간 1만달러까지 소득공제를 허용하고 있다. 이외에도 주택담보대출금 최대 75만달러에 대한 이자비용도 소득공제를 제공한다. 미국에서는 집을 구입시 취득세가 없으며 등기비용만 발생한다. 양도시에는 1년 이상 장기보유이면 15%-20%의 단일세율의 양도소득세만을 부과할 뿐이다. 미국연방세법에서 보유세와 이자비용에 대해 소득공제를 허용하여 약25% 감면효과가 발생하지만 높은 보유세와 이자를 고려할 때 주택을 구입하여 투자차익을 남긴다는 것은 미국에서는 매우 어렵다. 주택을 하나의 삶의 터전으로 간주하고 투기의 대상으로 삼지 않는다.

우리나라 부동산 조세도 장기적으로 미국처럼 보유세는 일관된 정책집행을 통하여 정부가 바뀌더라도 보유세 제도가 변하지 않는다는 인식을 국민들에게 줄 필요가 있고 취득세와 양도소득세는 낮추어서 시장거래를 통해 시장의 가격을 찾아가는 절차가 필요하다. 이외에도 보유세는 미국과 같이 특정지역재원이나 특정목적으로 활용하여 조세저항을 줄이고 1년에 과세 기준일을 2번 정도로 정하여 부과하게 되면 시장의 투기에 보다 효율적으로 대응할 수 있다.

2019년 기준 미국 ○○○카운티 보유세 항목예시

(단위 : 달러, %)

| Taxing unit | 2019 Proposed Assessed Value (평가액) | 2019 Taxable Value (과세표준) | 2018 Tax Rate (세율) | 2019 Estimated Taxes(납부세액) | 과세항목 |
|---|---|---|---|---|---|
| ○○○County | 224,558 | 224,558 | 0.4212 | 945.84 | 카운티세 |
| College | 224,558 | 224,558 | 0.1979 | 444.51 | 대학교 |
| County road | 224,558 | 224,558 | 0.0299 | 67.14 | 도로 |
| ISD | 224,558 | 224,558 | 1.6030 | 3,599.67 | 학교 |
| City of ○○○ | 224,558 | 224,558 | 0.6612 | 1,484.78 | 시세 |
| Clear Water | 224,558 | 224,558 | 0.0038 | 8.60 | 수도 |
| Health And Biosic | 224,558 | 224,558 | 0.0019 | 42.44 | 건강복지시설 |
| Total Tax | 2.935% | | | 6,592.98 | |

출처 : Round Rock Dweller YouTuberrk가 최근 미국재산서 고지서를 설명한 자료 참조

## 집값 잡은 스위스의 세금제도

유럽의 비영리단체('The Academy of Urbanism')가 2019년 발간한 보고서에 따르면 스위스의 집값을 잡은 그 비결은 실용적인 도시계획 정책에 있다. 스위스의 도시계획 목표는 현존하는 건축물의 이용 수준을 최대한 고도화해서 농업 지역과 미개발 토지의 훼손을 최소화하는 것이다. 토지를 최대한 콤팩트하게 이용한다는 뜻이다. 이 같은 목적으로 스위스 연방정부는 주, 시, 타운 등 각급 지자체와 함께 전국적인 집적전략 agglomeration strategy 을 수립한다. 스위스의 주택시장이 안정된 이유는 또 있다. 세금제도이다. 세금제도는 유연한 도시계획 정책보다 더 중요한 요인이다. 지방정부는 취득세, 양도세 등 각종 세금을 징수해 모두 그 지역에서 사용한다. 이 세제가 바로 주택시장 안정의 핵심 포인트다. 부동산 개발과 거래 등에서 발생하는 모든 세금을 지자체가 징수하고 전액을 해당 지자체가 사용한다. 그러므로 지방정부가 개발 사업에 우호적일 수밖에 없다. 지자체는 더 많은 세금을 거둘 수 있으니 우리처럼 용적률 상향이나 인허가를 가지고 사사건건 개발업체에 시비하지 않는다. 오히려 개발을 반대하는 주민이 있으면 지자체가 적극적으로 중재하여 부동산 개발이 이루어지도록 독려한다. 주민들 입장에서는 세수가 증가할수록 지역에 돌아가는 혜택이 커지므로 님비현상 not in my backyard 이 심하지 않다. 결국 스위스가 집값 잡기 프로젝트에 성공한 것은 강력한 지방분권제도를 시행해서 가능했던 것이다.*

---

* 2020. 10. 26. 주간조선 스위스, 일본 통해 본 부동산 정책 실패의 이유 기사참고

## 150년 전 상기시키는 한·일 부동산 정책

　　안드레 소렌슨Andre Sorensen 토론토 스카보로대 교수는 그의 논문(Building world city Tokyo : Globalization and conflict over urban space)에서 '일본 도쿄도(都)가 도쿄의 전입인구보다 더 많은 주택을 공급한 배경'을 설명해 눈길을 끌었다. 그는 그 배경에 대해 도쿄가 홍콩, 상하이, 싱가포르 등과 벌이는 아시아 거점도시 경쟁에서 반드시 이겨야 한다는 절박감이 작용했다고 말한다. 런던시가 발행한 '하우징 인 런던 2017'에 따르면 일본의 연간 주택 공급량은 기존 재고의 약 2%에 해당하는데 이는 런던, 파리, 뉴욕의 연간 주택 공급량보다 2배 많은 수준이다. 예를 들어 2013년 기준 도쿄도 주택의 수는 전체 가구 수보다 84만 9000호가 많았다. 공급이 수요보다 약 90만호 많다는 것인데 어떻게 이런 일이 일어날 수 있었을까. 소렌슨 교수에 따르면, 19세기 후반의 메이지유신 이후 일본 지배층의 DNA에 깊숙이 자리 잡은 실용주의 정신이 도쿄의 부동산 개발에도 영향을 미쳤다는 것이다.

　　일본은 1850년대 미국 등 서구 제국주의 국가의 침략을 받았다. 그런데 메이지 일왕은 쇄국으로 문을 닫아버리는 대신 자신을 침략했던 서구 제국주의 국가의 법률과 각종 제도를 배워 발전의 초석으로 삼았다. 아무리 미운 적이라도 좋은 점은 배우는 것이 국가의 생존전략이라는 판단에서였다. 그것이 바로 일본의 실용주의 정책이었다. 메이지 일왕이 택했던 그 정신이 일본 지배층의 DNA에 자리 잡고 있었기 때문에 도시 경쟁력이 국가 경쟁력을 의미하는 글로벌화 시대에 도쿄를 생산성이 높은 도시로 만들어야겠다고 생각했고 아시아의 거점도시로 도약하려면 개발 규제를 대폭 완화해 주거비용을 낮춰야 한다는 사실에 일본 여론이 동의했다는 분석이다. 도쿄도에 거주하는 가구의 수보다 많은 주택 공급이 이뤄진 배경이다.*

## 2021년 공동주택공시가격 전국 19.08% 상승의 모순과 위헌성 논쟁

최근 정부는 공동주택 공시가격 현실화율을 앞으로 10년에 걸쳐 90%까지 올리는 것을 최종 확정했다. 보도자료에 의하면 정부는 공시가격 현실화율을 평균적으로 연간 약 3% 포인트씩 올리기로 했다. 이에 따라 공동주택은 5~10년, 단독주택은 7~15년, 토지는 8년에 걸쳐 현실화율이 90%까지 맞춰지게 된다. 현실화율 목표치가 정부가 자의적으로 정한 기준이라는 점은 차치하고라도 많은 전문가는 이 '시세'가 과연 정상적인 '시장가치'와 같다고 볼 수 있느냐는 의문을 제기한다. 현재 정부는 투기세력 때문에 주택가격의 거품이 끼었다며 각종 규제를 통해 주택가격을 떨어뜨리려 하고 있다. 그런데 또 다른 한편으로는 이 거품이 낀 가격이 시장가격이니 그에 맞게 세금을 내도록 해야 한다며 현실화율을 끌어올리고 있다. 특히 '투기세력'이라고 보기 힘든 실거주 주택자는 정부의 각종 규제가 강화되어 주택을 처분하기도 어려운 상황에서 자신이 의도하지 않은 가격 상승 때문에 이 거품이 낀 가격에 맞춰 세금을 내야 하는 모순이 생기는 것이다. 그동안 시세와 공시가격 사이에 일정한 차이를 둔 이유는 이처럼 시장 상황에 따른 가격 변화를 공시가격에 과도하게 반영해 세금을 부과하는 것이 적절

---

\* 앞의 주간조선기사 참고함

하지 않다는 판단이 있었기 때문이다.

　공시가격 현실화율이 90%까지 올라가게 되면서 고가주택 보유자들은 향후 세금 폭탄을 맞이 하게 된다. 예를 들어 현재 실거래가격이 30억원인 강남의 아파트 보유세는 5년 뒤에는 4천만원에 육박해 지금의 3배 정도 오를 수도 있다. 보유세의 많고 적음이 아니라 취득세와 양도소득세가 높은 상태에서 입법절차가 아닌 깜깜이 공시가액 산정과 인상, 대통령령으로 과세표준에 적용되는 공정가액비율*을 상승시켜 보유세를 급격하게 과세하는 것은 조세저항을 가져올 수 밖에 없다.

　「헌법 59조」는 조세 종목과 세율을 법률로 정한다고 조세법률주의를 규정하고 있다. 그러나 현행 부동산 공시법은 법률이 아닌 대통령령으로 주택공시가액를 쉽게 인상시킴과 동시에 주택가격에 따라 공시지가 인상율을 다르게 산정하고 있다. 결국 보유세와 재산세는 공시가액에 세율을 곱하는 구조로 되어 있어 최종 발생하는 납부세액은 "조세법률주의와 조세평등주의를 위반하고 과잉금지 원칙을 위반해 국민의 재산권을 침해한다"는 논란을 끊임없이 발생시키고 있다. 공시가격이 폭등하면 세금도 늘어난다. 누진세가 적용되는 종부세와 재산세의 경우 공시가격이 2배 늘어나면 세부담은 2배 이상 늘어난다. 정부는 세부담 상한이 있어 영향이 제한적이라지만 세부담 상한이 넘은 부분은 올해가 됐든 다음 해가 됐든 결국 늘어난다. 보유세뿐만 아니라 상속세와 양도세, 토지초과이익세, 개발부담금도 영향을 받아 증가하게 된다. 이외에도 재산기준이 있는 지

---

＊ 종합부동산세법 제8조 : ① 주택에 대한 종합부동산세의 과세표준은 납세의무자별로 주택의 공시가격을 합산한 금액......금액에 부동산 시장의 동향과 재정 여건 등을 고려하여 100분의 60부터 100분의 100까지의 범위에서 대통령령으로 정하는 공정시장가액비율을 곱한 금액으로 한다. 다만, 그 금액이 0보다 작은 경우에는 0으로 본다.

역가입자의 건강보험료도 올라가고 기초연금 수급자도 줄어든다.

주택보유세 변수 2 Factor (공시가액 산정, 공정가액 적용율 : 시행령 규정)

| 과세대상 | 공동주택 |
| --- | --- |
| 과세기준금액 *factor1 | 매년 고시하는 공시가액 기준 |
| 공제금액 | 9억 또는 인별 6억 |
| 공정시가가액 비율 *factor2 | 90%, 지속적으로 상승률 증가 |
| 과세표준 | ******* |
| 세율 | 다주택자, 법인 중과 |

출처 : 2020 종합부동산세법 제7조-12조를 참조하여 작성함

문제는 국민에게 이렇게 큰 영향을 미치는 공시가격이 어떻게 결정되는지를 아무도 모른다는 것이다. 공시가격을 너무 급진적으로 올려서는 안 된다. 공시가격 인상에 따르는 세금 부담은 모든 국민에게 지워지는 것이다. 보유세는 일반적으로 임차인에게 전가될 가능성이 매우 크다. 따라서 국민의 세부담을 늘리기 위해서는 경제적 파생효과를 고려한 객관적인 원칙과 예측가능한 입법 절차가 필요하다.

다음의 〈표〉는 1주택자의 경우 세금 부담 상한이 150%로 정해져 있는 것을 가정하고 세액공제를 반영하지 않는 세액변동 계산액이다. 다주택자의 세금 부담 상한은 300%로 매년 세금이 더 급격하게 늘어나게 된다. 법인의 경우도 소유한 주택에 대해 종부세 6억원 기본공제가 사라지고 신탁된 부동산도 납세의무자가 신탁자로 변경되어 예상치 못한 종부세의 폭탄이 대기하고 있는 상태이다.

주택공시가액 상승에 따른 주요아파트 1주택자 보유세 변동액 추정

| 아파트명 | 전용면적(㎡) | 공시가격 | 2020년도 보유세 예상 | 2025년도 보유세 예상 |
|---|---|---|---|---|
| 한남더힐 | 235.31 | 37억2천만원 | 3977만원 | 7823만원 |
| 래미안대치팰리스 | 114.17 | 29억3천만원 | 2574만원 | 6288만원 |
| 서초구아크로리버 | 84.00 | 21억7천5백만원 | 1326만원 | 4026만원 |
| 잠실주공5단지 | 82.26 | 16억5천만원 | 837만원 | 2123만원 |

출처 : 2020 한국감정원 부동산공시가격 알리미를 참조하여 계산함

> **반복적인 거래세는 부동산 가격에 누적효과 발생하여 부동산가격 안정화 할 수 없다**

    경제학 이론에서 시장의 가격은 수요과 공급의 원칙principle of supply and demand 이다. 실제 구매할 수 있는 욕구수요와 공급자가 제시하는 효용가격에 거래가 이뤄지고 시장에서는 가격이라는 화폐로 표현된다. 이러한 경제학의 논리를 우리나라 부동산 시장에 대입하여 보면 수요자의 부동산 욕구수요는 장래의 자본차익을 말하는 것이고 공급자가 제시하는 현재의 효용가격도 미래의 자본차익을 말하는 동일한 개념으로 일치한다. 이러한 자본차익을 얻게 되는 과정은 수요자가 지불한 취득원가를 초과하는 개념으로 설명될 수 있다. 부동산 취득원가에는 취득단계의 취득세, 보유단계의 재산세와 종합부동산세, 처분단계의 양도소득세가 있다. OECD 국가들보다 월등하게 높은 취득세 등은 우리나라 국민에게는 주택의 취득원가로 인식되고 있다. 취득과 양도가 반복되는 경우 취득세와 양도소득세는 국가가 흡수를 하게 되고 이미 지불된 조세와 예상되는 세금은

시장에서 전가돼 부동산가격의 상승요인으로 작용하게 된다. 취득세와 양도소득세의 반복적인 부담은 누적효과accumulation effect로 인해 부동산의 시장가격을 계속적으로 왜곡하게 된다.

우리나라의 거래세는 실효세율(민간보유 부동산 시가총액 대비 거래세)도 높은 편이다. 한국의 거래세 실효세율은 2018년 기준으로 0.21%다. 한국을 제외한 OECD 평균은 0.11%에 불과하다. 한국이 2배 가까이 높은 것이다. 보유세는 현실적으로 부과하되 거래세를 낮추는 정책이 필요한 부분이다.

## 2021년 이후로 달라지는
## 취득세 · 보유세 · 양도소득세

### ■ 2020년 8. 11일 이후 다주택자 취득세 인상

행정안전부가 2020년 7. 10일 발표된 주택시장안정 보완대책과 관련하여 다주택자 및 법인의 주택 취득세율 강화 등을 위한 지방세법 개정안이 7. 28일 국회 행정 안전 위원회 전체회의에서 의결됨에 따라 법에서 위임한 사항과 세부 운영 기준을 담은 지방세법 시행령 개정안을 8.11일 공포되었다. 따라서 〈2020년 8.11일〉 이후부터는 비조정 지역에서는 2주택 보유자는 1~3%의 취득세가 그대로 적용되고 3주택 소유자부터 8%, 4주택 소유자는 12%의 취득세가 부과된다. 특히 조정 지역은 2주택이 8%, 3주택 이상부터는 12%의 세율이 강화되어 적용된다. 그러다 보니 다주택자와 법인은 인상된 취득세 때문에 신규 주택 매입은 상당히 어려울 것으로 보인다.

7.10 부동산 대책 다주택자 취득세율 개정내용

| 지역구분 | 1주택 | 2주택 | 3주택 | 법인, 4주택 |
|---|---|---|---|---|
| 조정지역 | 1-3% | 8% | 12% | 12% |
| 비조정지역 | 1-3% | 1-3% | 8% | 12% |

출처 : 2020. 7. 10 취득세 개정세법 참고함

■ 2021년 이후 적용할 주택에 대한 양도소득세

먼저 〈2021년 1월 1일〉 이후 취득분 주택분양권은 1세대1주택 양도차익에 대한 양도세 비과세 판단 또는 조정지역내 양도세 중과대상 주택수를 판단 시 조합원입주권과 동일하게 주택수에 포함된다. 기존은 주택분양권은 대출이나 청약 시 주택수에 포함하였으나 2021년부터는 세제상 주택으로 포함하게 되는 것이다. 이외에도 〈2021년 1월 1일〉 양도분부터는 1세대1주택자의 양도가액이 9억원 초과 시 장기보유특별공제는 10년간 거주기간 4% 및 보유기간 4% 각각 분리하여 계산한다. 만약에 거주를 하지 못하는 상황이 되면 최대 장기보유특별공제는 40%만 받을 수 있다. 이외에도 다주택자가 기존 주택을 모두 양도하고 최종 1주택을 양도하여 비과세 받고자 한다면, 최종 1주택이 된 시점부터 2년 보유기간을 계산하게 된다. 추가세율은 〈2021년 6월 1일〉 양도분부터 적용된다. 현재 조정지역내 2주택자는 기본세율에 10%, 3주택자 이상은 20% 가산하고 있으나, 내년도 6월 1일 이후 양도분부터는 각각 20%, 30% 세율이 가산으로 변경되어 세부담이 가중된다. 또한 법인보유 주택에 대하여도 주택양도차익에 대하여 법인세율 이외에 별도의 20% 세율을 추가로 과세한다. 이외에 입주권이나 주택분양권은 1년 미만 보유 후 양도하게 되면 양도차익에 70%의 세율이 적용되고, 2년 미만 보유 후 양도시에는 양도차익에 60% 세율을 적용하여 투기목적을 차단하게 된다.

### ■ 2021년 이후 적용할 주택에 대한 종합부동산세

〈2020년 7월 10일〉 부동산 대책으로 2021년 종부세 과세분부터는 2주택 이하(조정대상지역 내 2주택 제외)는 세율이 0.6~3.0%, 3주택 이상 및 조정대상지역 내 2주택의 경우 1.2~6.0%로 인상된다. 법인의 경우, 다주택 보유 법인에 대해서는 2주택 이하인 경우(조정대상지역 내 2주택 제외)는 종부세율이 3.0%, 3주택 이상 및 조정대상지역 내 2주택은 중과 최고세율인 6%가 적용된다. 또한 종합부동산세 계산시 현행은 납세자(개인·법인)별로 종부세 공제(6억원, 단, 1세대 1주택 9억원)가 되어 다주택자라도 법인으로 주택을 보유하는 경우 별도로 6억원을 공제받을 수 있어서 종부세 회피수단으로 법인을 활용된 부분이 있었다. 예를 들면 개인이 단독으로 3주택을 보유할 경우 6억원을 공제받을 수 있는데, 법인을 2개 설립하여 개인과 법인 2개가 각각 한 채씩 분산해서 보유하면 총 21억원(개인 1주택 9억원+법인별 6억원)을 공제받을 수 있었다. 앞으로는 법인이 보유한 주택의 경우, 종부세 공제 6억 원을 폐지하여 공제를 받을 수 없다. 위 사례의 경우 주택 3채를 개인과 법인들이 분산해서 보유하더라도 개인은 종부세를 낼 때 9억원(1세대 1주택자)을 공제받을 수 있고, 법인이 보유한 주택에 대해서는 공제를 받을 수 없기에 세부담이 급격하게 증가할 예정이다.

**7.10 부동산 대책 다주택자 보유세 세율 개정내용**

(단위 : %)

| 시가 다주택자 | 과세표준 | 2주택 이하 조정지역 2주택 제외 | | 3주택 이상 조정지역 2주택이상 | | |
|---|---|---|---|---|---|---|
| | | 현행 | 12. 16 대책 | 현행 | 12. 16 대책 | 개정 |
| 8-12.2억 | 3억이하 | 0.5 | 0.6 | 0.6 | 0.8 | 1.2 |
| 12.2-15.4억 | 3억-6억 | 0.7 | 0.8 | 0.9 | 1.2 | 1.6 |
| 15.4-23.3억 | 6억-12억 | 1.0 | 1.2 | 1.3 | 1.6 | 2.2 |
| 23.3-69억 | 12억-50억 | 1.4 | 1.6 | 1.8 | 2.0 | 3.6 |
| 69억-123.5억 | 50억-94억 | 2.0 | 2.2 | 2.5 | 3.0 | 5.0 |
| 123.5억초과 | 94억초과 | 2.7 | 3.0 | 3.2 | 4.0 | 6.0 |

출처 : 2020. 7. 10 종합부동산세 개정세법 참고함

■ **2021년 이후 신탁활용 방지·종합부동산세 납세의무자 변경**

종합부동산세 납세의무자는 지방세법상 재산세 납세의무자인데, 2013년 지방세법 개정으로 신탁법에 따라 수탁자 명의로 등기·등록된 신탁재산의 경우 위탁자별로 구분된 재산에 대해서는 실질적 소유자인 위탁자가 아니라 형식상 소유자인 수탁자가 재산세 납세의무자로 변경되었고 고가의 다주택을 보유하고 있는 경우 신탁을 이용하면 종합부동산세를 회피할 수 있었다. 〈2021년 1월 1일〉 부터는 신탁을 활용하여 종합부동산세를 회피하는 것을 방지하기 위해서 신탁재산의 납세 의무자가 수탁자(재산을 맡아서 보관하는 측)에서 위탁자(재산을 맡기는 측)로 변경된다. 다주택자들이 부동산 신탁회사에 주택을 맡겨 관리하게 함으로써 세금을 회피하려는 것을 막으려는 조치이다.

# 02_
## 징벌적 조세는 생산자와 소비자 그리고 국가모두 경제적 순손실

요즘 시장에서는 세금이 과도하여 징벌적 세금 punitive tax 이라는 표현이 자주 나온다. 세금규제로 정책적 목적을 달성하려는 정부를 빗대어 하는 말이다. 징벌적 세금부과는 경제이론측면에서 보면 오히려 소비자와 생산자가 얻을 수 있는 이득과 거래량을 감소시켜 시장규모가 축소되는 경제적 순손실을 가지고 오게 된다. 세금의 부과가 소비자와 생산자 그리고 정부의 경제적 후생 economic welfare에 어떤 영향을 미치는지 먼저 알아보자. 시장경제에서는 자유로운 수요과 공급의 법칙에 따라 특정한 재화나 용역에 대하여 균형가격에서의 공급자와 수요자의 총잉여 Total benefit의 크기가 정해진다. 세금으로 인해 시장가격이 올라가면 수요자 입장에서는 기존의 세금이 포함된 더 높은 가격을 지불할 용의가 있는 사람만이 공급자 입장에서는 세금 후 이익을 동일하게 창출하기 위하여 더 낮은 비용으로 생산해 낼 수 있는 사람만이 시장에 참여해 거래를 할 것이다. 그리고 정부는 세금부과 후 재화나 용역이 거래된 수만큼(세금×거래량) 정부는 조세 수입을 거두게 된다. 그런데 소비자가 기존의 시장가격 이상으로는 특정재화의 대한 구매 대가를 지불할 용의가 없고 생산자 역시 이윤이 감소하기 때문에 더 낮은 비용으로 생산해 내지 않는다라는 가정이 성립하면 소비자와 생산자 사이에선 아무 거래도 일어나지 않고 정부의 조세 수입 또한 0이 된다. 만약에 세금이 없다면 소비자와 생산자 사이에도 자유로운 거래가 반복적으로 발생해야만 총잉여가 극대화된다. 과다한 세금 부과로 인해 이들 사이에 거래가 없어지고 이로 인해 줄어든 사회적 후생의 크기는 정부의 조세수입보다 훨씬 크다. 이와 같이 세금의 부과로 인해 줄어든 총잉여의 크기를 경제적 순손실이라고 한다. 경제적 순손실이 발생했다는 것은 모두의 경제적 후생이 작아졌다는 것을 의미하며 시장에서는 징벌적인 조세로 표현된다.

## 세금은 자원배분에 영향을 미친다

시장의 형성과 활성화에는 자본capital이 투입된다. 세금의 의미는 국가의 재정수요를 위한 사회계약을 통해 개인이나 법인이 분담금을 지출하는 것이다. 예를 들면 정부의 기능이 마비된 곳에서는 주택의 거래가 자유롭게 일어나지 못한다. 계약서를 보증해줄 수도 없으며 시장가격이 제대로 공개되지도 못하며 부당한 거래에 대해 관리를 해줄 수도 없다. 이러한 문제를 해결하기 위해 제도적 기반이 필요한데 이는 세금을 통해 이뤄진다. 조세가 시장경제에 미치는 영향은 다양하다.

먼저 세금은 자원배분에 영향을 미친다. 세율에 따라 수요와 공급을 조절할 수 있는데 일반적으로는 세율이 높아지면 수요와 공급이 모두 감소하고 세율이 낮아지면 수요와 공급이 모두 증가한다. 따라서 경제상황과 정책기조에 따라 세율이 비교적 자주 변동하게 된다. 두 번째, 조세의 기능은 세율차이를 다르게 부과함으로써 대체재로의 이동 정책수단을 달성할 수 있다. 대표적인 예로는 휘발유나 경유가 있다. 생필품의 경우 세율을 낮게 조정하거나 면세해주고 사치품과 기호품에는 높은 세율을 적용하여 사치재의 소비를 억제할 수 있다. 세 번째, 조세는 소득의 재분배를 조정할 수 있다. 대표적으로 누진세율과 특정재산에 부과되는 보유세가 있다. 정도의 차이는 있지만 고소득자나 다주택자에게는 높은 세율을 적용하고 저소득층이나 1주택 보유자에게는 낮은 세율을 부과하는 방식이다. 마지막으로 조세는 경기안정화 정책에 활용될 수 있다. 경기 침체기에는 세율을 낮추거나 조세감면을 통해 경기를 부양할 수 있으며 경기 과열기에는 세율을 높이거나 조세감면을 축소해 과도한 인플레이션을 막을 수 있다. 현재 코로나19로 인한 경기부양을 위해 중소자영업자들에게 세금을 감면해주는 정책이 대표적인 사례이다.

## 세율이 높으면 조세비용이 발생하여 세수가 오히려 감소한다

래퍼곡선Laffer curve은 미국의 경제학자 아더 B. 래퍼 교수가 제안한 이론으로 세율과 세수의 관계를 곡선으로 나타내고 설명한 이론이다. 래퍼Laffer 교수는 세율이 높아질수록 세수가 계속적으로 증가하지 않고 일정 세율인 최적세부담율을 초과하면 오히려 세수가 줄어드는 현상이 나타나는데 이는 지나치게 세율이 올라가면 근로의욕이 감소 등이 원인이 되어 세원 자체가 줄어들기 때문이라고 설명하였다. 따라서 세율의 증가로 인한 세수의 감소가 발생할 때는 오히려 세율을 낮춤으로써 세수를 증가시킬 수 있다는 것이다. 최근 우리나라는 부동산 투기를 막기 위하여 부동산에 대한 고율의 취득세·보유세·양도소득세 조세정책을 실행하고 있다. 부동산을 구입할 사람, 보유하고 있는 사람, 매각할 사람 모두에게 조세비용이 반복적으로 발생하여 시장에서 거래는 일어나지 않게 되며 국가의 조세수입은 오히려 감소하게 될 가능성이 크다. 또한 소비자가 거래하는 부동산 시장가격은 조세비용이 전가되어 왜곡된 가격형태로 나타나게 된다. 모두에게 후생감소가 이루어지는 것이다.

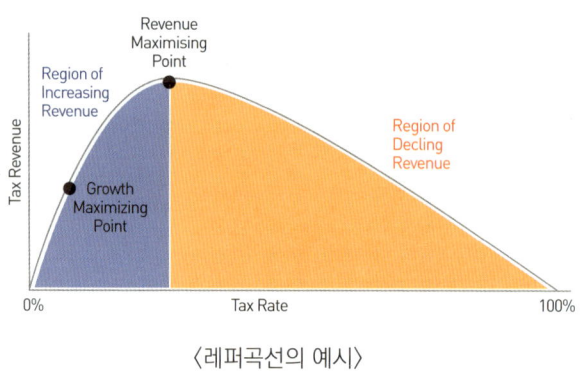

〈레퍼곡선의 예시〉

## 조세의 초과부담은 경제적 약자에게 귀속

초과부담Excess Burden은 조세부과로 민간부문의 의사결정이 교란됨에 따라 발생하는 효율성 상실분으로 조세징수액을 초과하는 추가적인 민간의 부담을 말한다. 후생손실welfare loss 혹은 사중적 손실dead weight loss이라고도 한다. 일반적으로 조세가 부과되면 상대가격이 변화하므로 민간부문의 자율적인 의사

결정이 왜곡되어 자원배분에 있어서의 비효율성이 초래되고 이에 따라 파레토 효율성 조건이 충족될 수 없게 되어 정부의 조세징수액을 초과하는 사회적인 후생손실이 발생하게 된다. 예를 들면 강남의 부동산가격이 오르는 이유를 단순히 투기수요로 간주하고 징벌적 조세를 부과하는 경우 조세는 가격에 전가되어 조세정책적 목적보다 민간부문의 왜곡이 발생되어 초과부담이 더 커지게 된다.

  수요와 공급의 불일치를 다양한 정책문제로 판단하지 않고 단순히 투기수요로 오인하여 부동산에 과도한 세금을 부과할 경우 부동산가격에 전가되어 최종적으로 전세가격, 월세가격의 폭등을 가져온다. 근본적인 부동산정책이 해결되지 않는 한 풍선효과로 인하여 무주택자들과 서민들에게 조세의 초과부담은 마지막으로 전가된다. 부자들에게 부과된 세금이 가난한 사람들의 소득으로 채워지는 현상이 발생하게 되는 것이다. 좋은 부동산 정책은 징벌적 조세로 해결되지 않는다. 서울과 지방의 균형된 발전으로 인한 인구를 분산시키고 필요한 곳에 국가 차원의 대규모 부동산을 공급하고 보유세를 국민임대주택건설 목적세로 사용을 제한하는 정책도 중요하다. 시장의 불안한 가수요를 차단하지 않는 한 초과부담의 악몽은 계속 될 것이다.

## 아담스미스의 최선의 조세정책은 성장과 진보를 구현하는 사회

  경제학자의 아버지 아담스미스Adam Smith:1723-1790는 「국부론」 '과세의 4원칙'에서 공평하고 효율적인 조세가 이뤄지는 사회는 건전한 사회를 위한 밑바탕이며 국가 재정 수립의 시작이라고 말하고 있다. 하지만 아무리 공평하고 효율적인 조세부과정책도 현실적으로 정도의 차이가 있을지언정 필연적으로 민간

부문의 의사결정을 왜곡시켜 비효율을 야기한다. 따라서 조세정책자는 세금 전가나 귀착의 최종점을 고려하여 국민의 총잉여가 감소되지 않도록 세금을 결정하여야 하기에 세금을 통하여 시장경제의 왜곡을 바로 잡겠다는 생각이 가장 어리석은 정책임을 아담스미스는 이야기하고 있다. 결국 현실적인 최선의 조세정책은 시장왜곡을 극소화하면서 정부가 필요로 하는 만큼의 세수를 획득하는 것이라고 할 수 있다. 이러한 결론은 성장하고 진보하는 사회가 전제될 때 가능하다고 아담스미스는 강조한다.

현재 우리나라는 국민의 소득수준과 납세의식이 높아지고 시민사회단체civil society organization의 역할이 증대됨에 따라 세부담의 공평성과 적정성에 대한 욕구가 크게 증대하고 있다. 조세정책은 이론적 타당성이나 논리적 정당성만으로 성공할 수 없고 국민들의 수용성이 뒷받침되어야 한다. 국민이 공감하는 세제가 가장 좋은 세제다. 세제정책은 국민경제 생활이나 기업경영에 큰 영향을 미치기 때문에 정부가 일방적으로 밀어붙이면 반드시 실패한다. 더구나 재정건전성을 위배하는 세수확보 정책은 국민의 공감을 더욱 더 얻기가 어렵다. 아무리 좋은 조세정책이라도 국민들이 악세라고 생각하면 조세마찰과 조세저항이 발생하게 된다.

## 자본소득과 노동소득의 격차는
## 실질임금을 하락시키고 노동의욕을 감소

기업이든 개인이든 어떤 자산투자로부터의 수익이 차입비용을 지불하고 나서도 남을 것으로 판단한다면 대출 및 각종 금융수단 등의 방법으로 추가 자금을 차입해서라도 자산 매입에 나선다. 부채를 통한 레버리지Leverage투자인 것이다. 부채에 근거한 투자는 일반적 자산투자 관행이다. 대표적인 예로서 전세를 끼고 주택을 매입한 경우가 원천적으로 레버리지가 내재된 투자이다. 예를 들면, 5억원인 아파트를 4억원의 전세를 끼고 자기자본 1억원으로 매입하였다면 투자 레버리지는 5배(=5억원/1억원)가 된다. 이후 집값이 50% 상승하여 7억5천만원이 되면 자기자본 1억원에 대한 투자수익률은 250%가 된다. 이와 같이 레버리지에 의해 손익확대효과가 발생하여 수익률이 양(+)일 경우 이익의 폭이 증가되어 쉽게 노동소득과의 격차를 벌이게 된다.

자본소득capital income과 노동소득labour income과의 격차는 실질 임금을 하락시키고 노동의욕을 감소시킨다. 상실된 의욕은 국가의 성장을 저해한다. 최근 시중의 저금리와 부동산 공급부족의 신호는 자기자본과 부채를 통한 레버리지 투자를 극대화시키고 있다. 건전한 투자를 넘어 사실상 투기라고 할 수 있다. 개인이 부채를 사용하여 레버리지가 높은 투자를 할 수 있는 부동산정책은 매우 신중하여야 하고 풍선효과가 나타나지 않도록 통일되고 일관된 자본소득의 규제가 필요하다. 시장의 경기 흐름은 과열될 수도 침체 될수도 있기에 정부의 완전한 조세정책은 자본소득과 노동소득의 균형점에 선제적으로 개입할 수 있는 예지적인 정책이 필요하다.

# 03_
## 포퓰리즘과 경제적 약자의 인플레이션
### "달콤한 것과 씁쓸한 것은 함께 온다"

달콤한 것과 씁쓸한 것은 함께 온다. 무상복지정책은 재원의 확보 여부에 따라 포퓰리즘populism으로 전락하거나 건전한 복지정책non-populism으로 제도화된다. 특정한 무상복지정책이 일부에게는 포퓰리즘으로 거세게 비판받지만 경제적 약자, 세대약자들에게는 보편적인 지지를 받는다. 경제주체의 모든 자산들이 공유재산으로 약자들에게 설득되어지기 때문이다. 중앙은행이 경기부양을 위해 새로 찍어낸 돈을 시중에 공급하는 비전통적 통화정책에 대하여 1969년 경제학자 밀턴 프리드먼Milton Friedman이 하늘에서 1000달러어치 지폐를 뿌리는 상황을 가정하며 처음 사용한 헬리콥터머니Helicopter Money도 대표적인 포퓰리즘 범주에 포함된다.

늘어난 통화량은 경제적 약자들과 젊은 층에게 달콤한 보조금의 사탕을 주게 되지만 바늘에 실 가듯 인플레이션inflation을 유발한다. 인플레이션은 부자들에게는 거의 손해를 끼치지 않지만 보통 사람들에게는 실업을 제외한 어떤 경제적 요인보다도 훨씬 큰 해를 입힌다. 가장 큰 손해는 부동산 가격의 인플레이션으로 인한 자산의 격차이다. 경제적 약자를 위하여 돈을 풀었으나 가난한 사람은 빵을 사먹고 부자들은 금·달러·부동산등 실물 자산을 구매하거나 대출이자를 지불한다. 그 결과 10배의 속도로 발생한 경제적 격차는 매우 참혹하다. 빵은 없어지고 실물자산의 가치는 저 높이 도망가 있기 때문이다. 시장에서 인플레이션이 발생하고 복지재정 확대 명목으로 세금이 보편적 증세(면세비율축소)로 이어지면 경제적 약자의 자산가치와 소득은 오히려 줄어들게 된다.

## 고복지를 원하면 국민 모두가 보편적 세금을 부담하여야 한다
## 스웨덴 사례

스웨덴의 사회복지·사회보험 관련 지출은 GDP의 26.1% 수준이다. 이 비율이 우리나라(11.1%)의 두 배가 넘고 경제협력개발기구(OECD) 국가 중 일곱째로 많다. 2012~2015년 서울대에서 사회복지 강의를 맡았던 북유럽 복지국가 모델 연구 권위자인 스웨덴의 린네대학교 스벤 호르트 명예교수는 "돈을 쥐여주는 현금 복지보다는 육아·요양 서비스 위주의 〈서비스형 복지〉에 더 많은 재원을 투자하는 점이 스웨덴 복지 체계의 가장 중요한 특징"이라고 강조했다. 스웨덴은 1996년 국내총생산(GDP)의 80% 수준이었던 국가 채무 비율을 2018년 49.9%까지 낮췄다. 높은 수준의 복지 혜택을 유지하면서도 재정건전성을 유지하는 비결에 대해 호르트 교수는 "더 많은 혜택을 위해서는 더 많은 세금이 필요하다"고 했다. 2018년 기준 스웨덴의 세금·사회보험료 수입은 GDP의 43.9% 수준으로 우리나라(26.8%)보다 17.1%포인트 더 높다. 호르트 교수는 "국채를 발행해 복지 비용을 조달하는 것은 상당히 위험한 일"이라고 비판하면서 먼저 "복지 비용은 고소득층·기업만 겨냥한 과세가 아니라 전 계층에 대한 과세를 통해 조달되어야"고 강조했다. 스웨덴의 젊은이와 노인, 일을 하는 사람과 일을 하지 않는 사람 모두가 세금을 내서 복지 비용을 분담하고 있다는 것이다. 국민 대부분이 납부하는 스웨덴의 지방 소득세의 세율은 지역에 따라 차이가 있지만 평균 32.2% 수준에 달한다. 소득세를 내지 않더라도 소득에 대한 지방세는 무조건 납부하여야 한다.

또한 복지 재원의 중요한 한 축으로, 사회보장세가 있는데 고용주가 종업원 월 급여의 31.42%에 해당되는 액수를 종업원 거주지 지자체에 납부하게 되고 자영업자는 28.97%를 납부한다. 경영 악화 등으로 인한 노동자의 해고나 폐업에 따른 실업 등이 발생했을 때 실업 노동자의 실업수당, 재취업 교육비, 창업 지원 등을 부담하기 위한 사회보장기금의 재원이 되는 사회보장세는 스웨덴 기업이 법인세와 함께 담당하는 직접세다. 1970년대 처음 도입 당시 기업이 낸 사회보장세는 노동자 임금의 39%였다. 현재는 32%가량으로 낮아지긴 했지만, 스웨덴의 사회보장비용의 큰 부분을 차지하고 있다. 회사 경영의 결실을 노사가 함께 나누는 것 뿐 아니라 나중을 대비해 비축해 놓는 것이다. 그게 세금의 형태다 보니 기업은 보다 선명한 이미지를 얻게 된다. 이 때문에 스웨덴 대기업들은 경제협력개발기구(OECD) 평균은 물론 한국보다도 5%나 낮은 20%의 법인세를 내고도 시민들로부터 신뢰를 받는 편이다.* 이외에도 간접세인 부가가치세율은 25%로 OECD 국가 중 최상위권을 유지하고 있다.

---

* 2018. 2. 26.일 시사저널(http://www.sisajournal.com)기사 참고함

스웨덴은 1990년 금융 위기로 1990~1994년 고용이 12% 감소하고 정부 적자는 1993년 GDP의 10% 수준까지 불어났지만 1995~1998년의 긴축정책을 통해서 스웨덴 복지 모델을 지켜냈다. 스웨덴은 빚을 더 늘려가며 국민을 달래는 정책을 펴지는 않았다. 오히려 복지는 줄이면서 세수를 늘리는 스웨덴의 재정정책은 우리나라에 시사하는 바가 크다고 할 수 있다.

### OECD 국가별 조세부담율과 국민부담율

(단위 : %)

| 국가별 | 프랑스 | 덴마크 | 스웨덴 | 노르웨이 | OECD 평균 |
|---|---|---|---|---|---|
| 조세부담율 | 29.9 | 44.4 | 34.3 | 29.5 | 24.9 |
| 국민부담율 | 45.9 | 44.4 | 43.9 | 39.6 | 33.9 |

출처 : http://www.oecd.org/tax/tax-policy/revenue-statistics 2018

## 우리나라 조세부담율과 국민부담율

조세부담율ratio amount of taxes이라 함은 한 나라의 국민소득에 대한 조세의 비율을 말한다. 조세부담이 증대하면 그만큼 국민소득 또는 자본축적을 감소시키게 되며 그 반대로 조세가 경감되면 그만큼 국민소비 또는 자본축적은 증대하게 된다. 국민부담률total tax rate 이란 한해 국민이 내는 세금(국세+지방세)에 사회보장기여금(국민연금보험료·건강보험료·고용보험료 등)을 더한 뒤 이를 그해 국내총생산(GDP)으로 나눈 값이다. 국민부담율이 높다는 것은 국민들의 조세부담이 커지고 있다는 것을 의미한다. 다음의 〈표〉에서 보면 기재부가 마감한 2019년 총세입은 국세가 293조 5천억원이고 행안부가 집계한 지방세는 90조 5천억원이다.

### 연도별 우리나라 국세 및 지방세수

(단위 : 조)

| 연도 | 국세 | 지방세 | 합계 | 조세부담율 |
|---|---|---|---|---|
| 2019년도 | 293.5 | 90.5 | 384 | 20.0% |
| 2018년도 | 293.6 | 84.3 | 377.9 | 19.9% |
| 2017년도 | 265.4 | 80.4 | 345.8 | 18.8% |
| 2016년도 | 242.6 | 75.5 | 318.1 | 18.3% |
| 2015년도 | 217.9 | 71.0 | 288.9 | 17.4% |

출처 : 2014-2019 기획재정부/행안부자료

### 연도별 우리나라 조세부담율과 국민부담율

(단위 : %)

| 연도 | 2015 | 2016 | 2017 | 2018 | 2019 |
|---|---|---|---|---|---|
| 조세부담율 | 17.4 | 18.3 | 18.8 | 19.9 | 20.0 |
| 국민부담율 | 23.7 | 24.7 | 25.4 | 26.8 | 27.4 |

출처 : 2014-2019 기획재정부/행안부 자료

위의 〈표〉에서 보듯이 2019년 우리나라의 경상 GDP는 한은 국민계정에 따르면 1천782조2천689억원으로 집계되므로 경상 GDP 대비 국세와 지방세의 비율을 의미하는 2019년 기준 조세부담률은 작년 20%로 산출된다. 국민부담률은 2018년 26.8%에서 2019년도 27.4%로 역대 최고치로 증가하였다. 증가 속도는 다른 OECD 국가들에 비해 매우 빠른 편이다. 2013~2017년 4년간 OECD 평균 국민부담률이 0.8%포인트 증가하는 동안 한국은 2.3%포인트 올랐다. OECD 조세부담율이 평균 25%이므로 우리나라 조세부담율을 5% 상향시키면 약 100조를 더 거둘수 있다는 재정수요 논리가 증세복지를 지향하는 우리나라에 적용되기 위해서는 국민들의 동의가 먼저 이루어져야 한다.

## 폼프리포사 인 머니랜드의 식물인간

　복지국가의 과보호정책으로 개인이 세상 살 의욕을 잃고 무기력하게 살아가는 식물인간을 폼프리포사 현상Pomperipossa effect이라고 한다. 폼프리포사란 말의 어원은 스웨덴의 여류작가 아스트리드 린드그랜(1907-2002)이 스웨덴 정부의 높은 세율을 풍자하는 동화인 '폼프리포사 인 모니스마니엔'의 주인공 이름에서 따온 말이다. 주인공인 동화작가 폼프리포사는 복지서비스의 보호를 받고 걱정 없이 작가활동을 하고 있었다. 국가의 공공복지 서비스의 범위가 확대되고, 지급되는 국가보조금은 인간의 자유와 행복권을 보장받는다고 비노동의 무차별적인 권리라고 생각하였다. 그러나 점점 국가의 복지재정수입이 부족하여 세금이 무거워져 갔다. 폼프리포사는 작품수입의 102% 이상이 오히려 세금과 사회보장세로 나가게 되니 글 쓸 의욕이 쇠퇴하고 정부보조금만으로 살아가는 무노동 타인과 자기는 어떠한 차별적인 것도 발견하지 못하고 결국 절망하여 글 쓰는 걸 그만두고 생활보호 혜택만을 받고 식물처럼 살게 된다.

　아무리 복지 혜택이 나중에 자기에게 돌아온다 해도 번 돈의 50% 이상을 세금으로 납부해야 된다면 일할 의욕이 감퇴하기 시작하고 70%의 한계를 넘어서면 그 일에서 손을 떼게 된다는 것이 노동심리학의 상식이다. 정부가 신뢰해주지 못하는 모호한 복지정책이 크면 클수록 노동에서 손을 떼는 속도는 더 빨라진다. 이리하여 기업가는 기업을, 학자는 학문을, 예술가는 예술을 등지게 되며 이것이 사회적인 조세저항이라고 할 수 있다. 이러한 과거의 잘못을 교훈으로 삼아 지금의 선진국들에서는 세금을 적게 거두고 비싼정부Expensive Government의 과보호를 지양하고 근로의욕을 돋구는 값싼정부Cheap Government를 지향하고 있는 것이 오늘날의 지배적인 추세이다.

복지의 함수는 성장이다. 성장이 되어야만 재정수요를 창출할 수 있다. 복지의 함수는 무차별적인 인간의 행복추구권이 아니다. "포퓰리즘 경쟁으로 우리는 망했다" 2010년 그리스가 국가 부도로 무너졌을 때 아테네대학 하치스 Aristides Hatzis 교수가 한 말이다. 우리나라에 가장 시급한 것은 과도한 규제를 없애 시장의 자유를 보장하는 것이다. 이를 통해 혁신을 이루고 경쟁력을 갖춰야 한다. 국가의 공유이익은 특정 단체가 아닌 다양한 국민들에게 투명하게 돌아가야 하며 복지정책은 재원이 한정되어 있으므로 효율적으로 빈곤 계층에게 먼저 집중되어야 정책적 효과가 극대화 된다.

## 신들의 나라 그리스의 골든보이 그리고 국가부도의 교훈

1981년 아버지의 뒤를 이어 그리스 총리가 된 안드레아스 파판드레우는 취임 직후 각료회의에서 이렇게 말했다. "국민이 원하는 것은 다 줘라." 그리스는 파판드레우 총리 집권 직전까지만 해도 유럽에서 재정이 가장 튼튼한 나라 중 하나였다. 재정을 쏟아부어 소득분배 정책을 펼쳤다. 선별적 복지는 보편적 복지로 바뀌었다. 무상 교육, 무상 의료를 시작했고 출근 시간대 대중교통도 공짜였다. 65세 이상 무주택자엔 월세를 지원했다. 한 달에 최대 약 50만원(362유로)을 지원했는데 일부 지자체는 월세의 50%까지 세금으로 내줬다고 한다. 취임 1년만인 1982년 최저임금을 전년 대비 45.9% 인상했다. 노동자를 해고하는 것도 제한했다. 그는 이런 포퓰리즘 정책을 밑천 삼아 총 11년간(1981~1989년, 1993~1996년) 장기 집권했다. 그의 집권 내내 그리스의 재정은 과잉 복지 쪽으로 흘러 들어갔다.

　미래 성장동력이니 구조개혁 같은 단어는 사라졌다. 70년대까지 단단했던 조선·석유화학·자동차 산업 등 제조업이 몰락의 길에 들어선 것도 이때다. '공무원 공화국'의 시작도 파판드레우였다. 공무원들은 오전 8시 30분에 출근해 오후 2시 30분에 퇴근했다. 워낙 지각 출근자가 많아 제시간에 출근하면 '정시 출근 수당'까지 줬다.

　파판드레우 정권 말인 80년 후반 수도 아테네 남쪽, 차로 20분 거리의 글리파다 해변은 오후 3시만 되면 공무원들이 몰려 해가 질 때까지 고기를 굽고 와인을 마시는 장소로 유명했다. 공무원들은 신분 보장은 기본이고 높은 수준의 임금 인상을 보장받고 친정부 세력이 됐다. 그리스의 젊은 공무원은 '골든보이 Golden Boy'로 불렸다. 민간 기업에서 일하는 또래보다 연봉이 훨씬 높았기 때문이다. 2008년 경제 위기 이후 거의 50만명이 그리스를 등졌는데, 이는 인구의 약 5%에 달한다. 남아 있는 많은 청년은 부모의 집에서, 부모의 연금에 기대 함께 살고 있다. 급속한 고령화와 맞물려 서서히 인구통계학적 종말로 가고 있는 것이다. 파판드레우가 40년 전 뿌린 씨앗의 결과물이다.*

---

* [이정재 칼럼니스트의 눈] 그리스 파산, 과잉 복지보다 과잉 공무원 때문이었다. 2020년 9. 15일 신문기사를 참조하여 작성함

# 04_
## 소득주도 성장론의 비판적 견해들
## "베네수엘라, 그리스의 안일한 경제정책"

　베네수엘라의 대통령 우고 차베즈Hugo Rafael Chavez Frias는 무상복지정책을 추진하기 위해서 "사람이 먼저다La gente es lo primero"라는 구호를 확산시켰다. 국가의 무상복지에 의존하여 생활하는 것에 익숙했던 베네수엘라 국민들은 최저임금 인상을 요구했고 차베즈는 국민의 요구에 따라 최저임금을 인상했다. 최저임금 인상으로 인하여 인건비가 상승했고 인건비 상승으로 인하여 제품 생산 단가가 상승하면서 엄청난 물가 상승이 뒤따랐다. 물가가 비정상적으로 치솟기 시작하자 베네수엘라 국민들은 시장경제 가격 통제를 요구했고 차베즈는 국민의 요구에 따라 사회주의 방식으로 가격 통제를 강행하였다.
　시장 경제의 자율성을 무시하고 정부가 개입하여 식재료, 가공품, 서비스 등 모든 가격을 책정하기 시작했다. 사업가들은 제품을 생산하는데 아무리 많은 돈을 투자해도 정부가 책정한 가격대로만 판매할 수밖에 없게 되었다. 정부가 사회주의 방식으로 가격 통제를 하자 사업장들은 폐업하고 파산하기 시작했다. 결국 베네수엘라의 식량과 생활필수품이 모두 바닥났고 식량 부족으로 인하여 2018년 현재 폭동으로 나라의 운명이 결정되었다.

## 소득주도 성장론은 임금주도 성장론이다

　소득주도성장론Income-led growth은 족보에 없는 경제이론이다. 노동자와 가계의 임금과 소득을 늘리면 소비가 증대되면서 기업 투자와 생산이 확대돼 소득 증가의 선순환을 만들어내 경제성장이 이루어진다는 포스트케인지언 경제학자들의 임금주도성장론wage-led growth이 오히려 정확한 개념이다. 소득주도성장 정책에서 말하는 총소득은 노동자의 노동소득과 자본가의 자본소득으로 나눌 수 있다. 소득이 임금소득인지 자본소득인지 명확히 해야한다. 임금소득과 자본소득을 통한 성장과정이 완전히 반대이기 때문이다.* 임금주도성장은 대기업의 성장에 따른 낙수효과trickle-down effect보다 근로자의 소득을 인위적으로 높여 경제성장을 유도한다는 것이 핵심이다. 그러나 임금주도성장은 위한 최저임금의 상승과 임금에 연동되어 있는 사회보장세 증가를 가져오게 되며 시장경제의 수요와 공급의 원칙에 따른 노동임금의 자율적인 계약을 무시하고 최저임금제의 급격한 상승으로 실물경제의 인플레이션과 노동해고를 증대시킨다는 비판을 받는다. 사업을 하는 주체는 수익대비 임금원가, 임대료, 원재료원가, 세금, 시설비 감가상각비를 차감하고 나의 이윤이 얼마나 되는지를 매일 계산한다. 임금이 오르면, 원재료를 배달하는 사람의 임금도 올라 원재료 값이 상승하고, 운송

---

* 강성진, 라이브경제학(2020), 148면 참고하여 작성함

료도 덩달아 올라간다. 이외에도 시설을 하는 인테리어업자의 견적도 높아진다. 이윤을 유지할려면 누군가를 해고dismissal하여야 한다. 상품의 질을 더 낮출 수는 없기 때문이다. 임금상승의 승수효과Multiplier Effect는 시장의 여러 단계에서 부정적으로 작용을 하여 생계형 사업자를 더욱 더 힘들게 한다.

  1차 세계대전 이후 프랑스의 집권세력인 인민전선 정부 수장 레옹 블룸Leon Blum : 1872~1950은 임금주도 성장론을 프랑스에 시행했다. '마티뇽 협정'을 통해 하층노동자의 임금을 평균 15%, 상층노동자의 임금은 평균 7%로 2년 동안 전체적으로 임금 40%를 올렸다. 프랑화 과대평가로 인해 이미 높은 수준인 프랑스의 생산비가 더 상승했다. 이러한 반작용으로 인플레이션 또한 46%나 상승하였다. 소득주도성장 정책의 결과는 당연하게도 프랑스 경제의 몰락으로 프랑스의 서민들은 곤궁에 빠지게 만들었다. 소득주도성장 정책으로 서민들의 소득을 인위적으로 올려주는 대가로 통화가치 하락과 인플레이션 발생, 실업 증가, 자원과 국부의 해외 이탈을 각오하여야만 하였다. 보이는 것은 소득주도성장에 따른 달콤한 임금상승이고 보이지 않는 것은 부동산 폭등과 실업, 인플레이션으로 인한 물가상승이다. 생산성보다 과격한 임금변화는 음식에 과다한 소금을 넣는 것과 같이 부정적 효과를 내게 된다.

## 공급의 경제학 낙수효과는 자본소득주도 성장론이다

  경제이론에서 낙수효과trickle-down effect는 "흘러내린 물이 바닥을 적신다"는 뜻으로 하방침투 효과라 한다. 1980년대 레이건 행정부는 두 차례 오일 쇼크로 경제불황 속에서 물가상승이 동시에 발생하고 있는 스태그플레이션stagflation을 겪고 있던 미국 경제의 회생을 위해 '레이거노믹스Reaganomics'라는 경제정책을 처방한다. 이 처방은 부유층의 증대된 소득이 저소득층에게도 흘러내려 갈 것이라는 믿음에 근거한다. 낙수 효과는 분배보다 성장을 우선시하는 경제철학에 의한다. 다시 말해 성장을 통해 부의 절대적인 크기를 늘리면 자연스럽게 누구나 더 풍요로워질 수 있다고 기대한다. 배경에는 M.프리드먼 등의 시카고학파가 주장해 온 자유경쟁시장 메커니즘으로의 복귀로 생산과 소비의 자동조정기능을 살린다는 이론이 뒷받침되었다.

낙수효과는 당시 미국 경제가 당면하였던 경기침체 속에서의 인플레이션의 진행, 즉 스태그플레이션stagflation을 치유하는 데는 종전의 케인스류의 수요관리만으로는 미흡하여 좀더 적극적으로 공급 측면을 자극함으로써 파급효과가 수요의 증대로 미치게 한다는 '공급의 경제학'이다. 2019년 12월 한국경제연구원은 세계 160여 개국의 GDP성장률 분석 결과 경제성장이 있어야 분배개선이 뒤따르는 현상을 보고한 적이 있다. 한국 정부는 낙수효과마저 기대할 수 없

### 총수요(소득)주도형 경제성장 정책비교

| 구분 | 임금소득 주도 | 자본소득(이윤)주도 |
| --- | --- | --- |
| 소득 | 임금소득 인상 | 자본소득 인상 |
| 효과 | 분수효과 | 낙수효과 |
| 정책에 대한 수단 | 최저임금인상, 노동조합단결권강하, 사회적복지체제 강화, 노동시간단축, 임금피크제, 성과급제 폐지 | 법인세 인하, 규제완화, 노동시장의 유연화 |
| 공급에 대한 영향 | 임금상승이 생산성을 증가시켜 생산증가 | 투자의 이중성에 의하여 투자증가는 자본증가로 이어져 생산증가 (해로드-도미르 경제성장모형) |

출처 : 강성진교수, 라이브 경제학 (2020), 153면 인용

는 소득주도성장을 고집하다 경제성장률이 1%대로 추락해버렸다는 지적을 하고 있다.

## 아담스미스의 보이지 않는 손은 시장의 자율경쟁과 직업노동의 중요성을 말하고 있다

나는 시장근처에서 유년시절을 보냈다. 어머니 손을 잡고 저녁때마다 시장market을 가면서 시장의 흥정을 많이 지켜보았다. 말도 안 되는 흥정이 이루어지는 것을 보고 내심 불안하기도 하고 시장상인에게 미안하기도 했지만 몇 번의 실랑이 끝에 최적의 거래가 이루어졌던 것을 아직도 생생히 기억하고 있다. 고전경제 사상의 출발점인 아담스미스Adam Smith는 그의 저서 「국부론」에서 시장경제market economy야말로 사는 사람과 파는 사람 모두에게 만족스런 결과를 낳으며 사회의 자원을 적절하게 배분할 수 있다고 보았다. 나는 어른이 되어서 아담스미스의 국부론을 읽어보고서야 어린시절의 기억이 이해되었다. 아담스미스는 「국부론」에서 자유시장 경제체제란 직업 노동을 통하여 좀 더 풍요로운 삶을 영위할 수 있는데 전제 조건은 경제성장임을 말하고 있다.

경제성장은 노동자 한 사람 한 사람이 생산하는 생산물이 매년 증대함을 의미하며 노동생산성의 지속적 향상을 말한다. 아담스미스에 따르면 자기 이익을 추구하는 열정과 행위는 사회 전체의 이익과 조화를 이루는 방향으로 나아가며 그런 방향을 이끄는 것이 이른바 보이지 않는 손Invisible hand이다. 보이지 않는 손은 가장 적절한 재화의 양과 종류를 생산할 수 있게 해주며 다수의 수요자와 다수의 생산자가 자기 이익을 극대화시키려 노력한 결과로 가격이 형성되고, 그렇게 형성된 가격이 시장 참여자들을 고루 만족시키는 것은 물론 사회 전체의 이익도 극대화시킨다는 것이다.

그는 국부론에서 "우리가 저녁 식사를 기대할 수 있는 건 푸줏간 주인, 술도가 주인, 빵집 주인의 자비심 덕분이 아니라, 그들이 자기 이익을 챙기려는 생각 덕분이다"라고 다소 냉정하지만 합리적인 시각으로 시장경제원리를 설명하고 있다. 이러한 자기의 이기심을 획득하는 과정은 노동 빈민 즉 국민의 대다수가 이미 충분한 부를 획득했을 때보다는 오히려 사회의 부를 점점 더 획득하기 위해 진보적 상태에 있을 때이고 정체된 사회에서는 오히려 비참하다라고 아담스미스는 말하고 있다. 진보하는 사회 상태는 실제에 있어서 사회의 모든 계급이 유쾌하고 즐거운 상태이나 정체된 사회는 활기가 없고 우울하다.

## 안일한 경제정책 인식의 고통은
## 늘 가난한 자의 몫이 된다

스위스 시골의 숙박업소 운영자가 급전이 필요하여 옆집에 1만달러를 요청하였다. 돈이 없던 옆집주인은 다른 집에 다시 1만달러를 빌리러 가고, 또 그 집은 옆집에 또 돈을 빌리고 계속적인 금전의 차입과 대여로 인하여 마을 수백명이 서로 채권채무로 얽히게 되었다. 단돈 1만달러로 인하여 스위스 작은 마을 하나가 서로에게 얼굴을 붉히게 되고 교류가 줄어들어 동네 맥주집 조차도 장사가 안되었다. 통화량의 축소에 의해 경제활동이 침체되어 마을전체가 디플레이션deflation에 빠지게 되는 나쁜 승수효과를 유발한 것이다. 한달 뒤 외국에서 스위스 숙박업자에게 한달간 방을 쓰겠다고 하고 계약금 1만달러를 입금하여 주었다. 갑

작스런 해외예약은 스위스 작은마을을 들썩이게 했다. 스위스 숙박업소 주인은 입금받은 계약금으로 옆집에게 빌린 1만달러의 채무를 변제하고 동네사람끼리 계속적인 채무변제로 인하여 수백명의 마을사람들의 채권채무가 단 번에 해결되었다. 돈이 돌자 동네는 축제분위기가 되었다. 채무를 변제시마다 고마움의 표시로 서로에게 맥주를 사게 되고 마을은 다시 경제적으로 활기를 띠게 되었다.

어떤 경제변량이 다른 경제변량의 변화에 따라 바뀔 때 그 변화가 한 번에 끝나지 않고 연달아 변화를 불러일으켜서 마지막에 가서는 최초의 변화량의 몇 배에 이르는 변화를 하는 경우가 있는데 최종적으로 빚어낸 총 효과의 크기가 어떻게 결정되는가를 규명하는 것이 승수이론Multiplier Effect이다. 긍정적인 승수효과는 성장과 자본의 유입에서 시작되고 부정적인 승수효과는 저성장과 부채에서 발생된다. 최근 정부가 코로나19에 대응한다며 재정 지출을 확대하고 있지만 경제학자들은 경제성장률 측면에서 승수효과Multiplier Effect가 떨어지는 데 재정이 집중되고 있다고 우려하고 있다. 부채를 명확히 하고 빌려주는 재정확대정책보다는 재난지원금 등 '현금을 주머니에 꽂아주는' 보편적인 이전지출은 재정 승수가 낮은 대표적인 재정 지출로 꼽히기 때문이다. 과다한 재정지출은 실물 경제가 악화되면서 한쪽에서는 소득이 축소되고 실업자가 증가하는 반면 자산을 보유한 사람들은 유동성 확대로 더 부자가 되는 양극화가 심화될 수 있다.

안일한 경제정책 인식의 고통은 늘 가난한 자의 몫이된다. 일반적으로 소비는 소득수준에 의해 많이 좌우된다. 자신의 부wealth를 유지하거나 증가시킬 수 있는 성장 경제적 환경이 지속적으로 유지된다면 경제행위의 자신감이 소비로 나타난다. 이러한 소비는 연쇄반응을 일으켜 돈이 돌게 만들게 되고 한사람의 소비가 다른 사람의 소득이 되는 순환구조를 가지게 된다. 이 같은 소비 행동의 상호 의존 관계를 전시효과demonstration effect라고 부른다. 성장이 담보되지 않는 불 꺼진 사회에서 지급되는 보조금은 단기적으로 일부 대중의 욕구를 충족시킬 수는 있으나 보조금이 그들의 자산을 배가 시키는 투자재원으로서 사용되지 않을 가능성이 매우 높다.

   결국 정부가 배분에 의해 창출한 시장의 유동성은 결국 인플레이션을 유발한다. 이후 성장동력의 부재에 따른 자신감 없는 소득으로 인하여 소비의 전시효과가 사라지게 되어 실물자산이 전반적으로 하락하게 되는 현상이 발생하는 디플레이션deflation이 발생하게 된다. 디플레이션하에서 소비자나 기업은 소비와 투자지출을 더 줄이기 때문에 생산된 상품은 팔리지 않는다. 상품의 재고가 급증하면 생산자는 가격을 낮추고 생산을 줄인다. 결국 기업은 폐업을 하게 된다. 베네수엘라의 국가부도는 우연이 아니다. 경제학 이론에 충실한 국가 패망의 순서를 적나라하게 보여주는 예시이다.

# 05_
## IMF 국가부채 재정통계기준과 국가채무의 위기
## "한국, 부채부담 폭발 우려" IMF의 경고

OECD/EU 회원국들은 모두 국제통화기금(IMF)에서 2014년 개정한 정부재정통계Government Finance Statistics 기준을 적용해 관리하고 있다. 한국정부가 말하는 40%대 국가부채비율은 중앙정부와 지방자치단체의 부채(D1)를 뜻하는 것으로 IMF가 1986년에 제정한 구식방식이다. 국가부채 통계는 가장 좁은 의미의 국가부채(D1)부터 확장부채인 일반정부 부채(D2), 공공부문 부채(D3)로 3가지 기준으로 작성된다. 국가채무(D1)에서 일반정부부채(D2), 공공부문 부채(D3)로 가면서 국가부채의 범위가 넓어진다. 국가부채 비율은 어느 범위까지 산정하여 비교하느냐에 따라 OEDC 국가들간에 큰 차이가 발생한다. IMF는 국가부채 기준을 이야기할 때 정부가 실질적으로 부담할 의무가 있는 D3까지를 포함하도록 권고한다.

공공부문부채(D3)는 일반정부부채에 공기업부채를 가산하여야 한다. 하지만 공기업부채가 있는 국가가 그렇게 많지 않다. 한국 일본 호주 캐나다 등 8개국

### 국가채무 유형별 산출기준

| 구분 | 규모(19년) (GDP 대비) | 포괄범위 | 산출기준 | 비고 |
|---|---|---|---|---|
| 국가채무(D1) | 728.8조원 (38.1%) | 중앙 및 지방정부의 회계·기금 | 국가재정법 현금주의 | 국가재정 운용계획 |
| 일반정부 부채(D2) | | D1+비영리 공공기관 | 국제기준 발생주의 | 국제비교 (OECD, IMF) |
| 공공부문 부채(D3) | 525.1조원 (27.4%) | D2+비금융 공기업 | 국제기준 발생주의 | OEC국가들보다 매우 높은 수준 |

출처 : 2019년 기준 국가채무/국회예산정책처 장기재정보고서(2020)

정도이다. 대부분 공공사업을 국가가 시행하기 때문이다. 공공부문(D3)부채에 포함되는 한국의 공기업부채는 비정규직의 정규직화, 탈원전, 복지정책확대등 정부정책이 도입되면서 급격히 증가하고 있다. 2020년 7월에 발표한 기획재정부와 국회예산정책처 자료에 따르면 2019년 기준 국내총생산(GDP) 대비 공공부문 공기업 부채 비중은 27.4% 수준으로 주요 7개국 평균(9.7%)을 상회할 뿐 아니라, 영국(1.3%)의 20배에 달한다. 공공기관 부채 규모 증가는 한국전력공사와 발전자회사, 한국주택금융공사 등 탈원전·부동산과 같은 정부 정책에 영향을 받는 기관의 부채가 늘어난 영향이 컸기 때문이다. 반면 대부분 OECD 국가들은 국가채무를 D3까지 산정하여도 공기업부채의 영향을 거의 받지 않기 때문에 국가간 부채비율을 D2 까지 비교하는 것은 우리나라에게 유리한 부채비율 착시효과를 발생시킨다.

**2018년 OECD 주요국의 GDP 대비 공기업부채비율**

(단위 : %)

| 구분 | 한국 | 일본 | 캐나다 | 영국 | 멕시코 | 호주 | OECD 평균 |
|---|---|---|---|---|---|---|---|
| 부채비율 | 20.5 | 16.4 | 8.8 | 1.3 | 9.5 | 8.3 | 9.7 |

* 2019년 공기업 한국부채비율은 27.4%
출처 : 2018년 IMF World Bank Public sector Databases

## 적립금이 0인 공무원·군인연금 충당부채 고려하면 국가부채비율 더욱 증가

  2020년 국회예산정책처의 〈4대 공적연금의 장기재정 전망〉 보고서에 따르면 공무원·군인연금 적자는 올해 3조6000억원에서 2030년 9조3000억원으로 2.4배 증가한다. 연금충당부채가 늘수록 국민 부담도 늘어난다. 공무원 기여금(보험료), 사용자 부담금 재원도의 부족액이 발생하면 결국 국민 세금으로 충당하기 때문이다. 국고로 메운 공무원·군인연금 적자는 작년에만 3조6136억원에 달하고 있다. 이 같은 적자의 원인은 공무원과 군인연금을 적립하여 수급자에게 미래가치로 보증해주고 있기 때문이다. 공무원수 증가, 임금 인상 등의 원인으로 10년 뒤에는 2배로 불어날 전망이다. 2019년 기준 연금충당부채는 944조 2000억원(공무원연금충당부채 758조 4000억원, 군인연금충당부채 185조 8000억원)에 달하고 있다.

  서유럽 및 북유럽의 복지 선진국 대부분은 적립기금 없이 연금을 지급하고 있다. 이들 국가는 부과방식pay as you go method을 통하여 매년도 연금수급자에게 지급해야 할 금액만큼을 그 당년도 연금 가입자에게 연금보험료를 부과하여 조달하고 있기에 국가부채가 아니다. 반면 공무원·군인연금을 우리나라와 같이 적립방식으로 운영하고 있는 국가는 연금충당부채가 나랏빚이다. 정부는 공무·군인연금은 현재의 공무원이 매달 납부하는 기여금과 일부 국가재정으로 지급하므로 국가부채가 아니라는 의견을 표명하고 있지만 논란이 많은 부분이다. 향후 공무원이나 군인의 숫자가 줄거나 납부여력이 어려운 경우에는 결국 의 빚이 되는 부분이다.

2020년 7월 한국경제연구원이 밝힌 '국가채무의 국제비교와 적정수준 보고서'에서 밝힌 4차 추경으로 인한 우리나라 부채 846조 9천억이 국가부채비율의 44% 안팎으로 전망되고 있는데, 이러한 수치는 2020년도 진짜 국가채무비율이 아니라는 점은 시사하는 바가 크다.

2019년도 우리나라의 비금융공공기관부채가 525조1천억으로 GDP의 27.4%이며, 공무원·군인연금충당부채가 944조2천억으로 GDP대비 49.2%이다. 이러한 수치들을 합치면 국가채무비율은 114%대에 근접한다. 공무원·군인연금충당부채 944조2천억을 제외하더라도 D3까지의 국가부채는 72% 수준에 근접한다. 최근 정부가 코로나 2020년도 하반기 3차, 4차 추경안을 추진하면서 D2 기준으로 언급한 "우리 국가부채는 40%대로 OECD 국가 평균 부채비율 110%에 비해 크게 낮아 매우 건전한 편"이라는 해석은 기축통화국이 아닌

2019년 OECD 주요국의 GDP 대비 국가채무비율(D2기준)

(단위 : %)

| 구분 | 한국 | 일본 | 캐나다 | 영국 | 멕시코 | 호주 | OECD 평균 |
|---|---|---|---|---|---|---|---|
| 부채비율 | 38.1 | 237.13 | 89.94 | 86.82 | 34 | 41.37 | 110.5 |

* 2020년 한국부채비율은 44% 예상
출처 : 2019.10월 IMF World Economic Databases

우리나라에서는 재정건전성이라는 보수적인 해석에 비추어 보면 오류가 있다.

> **국가부채비율 적정선은 기축통화, 노령화 여부로 판단해야**
> **우리나라의 국가대차대조표는 현재 불안하다**

    국가채무비율의 적정수준은 기축통화국 유무와 대외의존에 따라 적정수준이 크게 달라진다. 기축통화국의 부채비율의 적정수준은 98% - 114%에 달하는 반면, 비기축통화국의 적정수준은 37.9% - 38.7%에 그치고 있다. 두 그룹간의 격차는 약3배에 달하고 있는데 미국 · 일본 · 영국등 기축통화국은 아무리 빚이 많아도 발권력을 동원할 특권을 가지고 있기 때문에 국가부도로부터 상대적으로 자유롭기 때문이다. 비기축통화국이 이들 국가의 부채비율을 따라할 경우 심각한 정책적 오류에 빠질수 있다.

    우리나라 화폐는 유로나 달러처럼 기축 화폐가 될 수 없는 호환성 없는 화폐라서 재정을 잘못 운용하면 대한민국의 신용도 문제가 발생한다. 국가신용이 문제가 발생하면 우리나라의 경제전반적인 평가가 부정적으로 나가게 되고 우리나라 외환거래에 영향을 미쳐 궁극적으로 환율 등에 여러 영향을 미칠 수 있다. 즉 한국 원화는 글로벌 금융시장에서 기축통화가 아니기 때문에 경제 위기가 오면 해외에서 한국 돈을 받지 않는다. 그래서 외환위기가 가속화 된다. 빚이 많고 부실한 회사의 주식을 투자하지 않는 현상과 같다.

    현재 우리나라의 국가 대차대조표는 불안하다. 경험하지 못한 적자가 기록된다. 빚은 반드시 복수하고 누군가 갚아야 한다. 거품이 터지면 국가도 파산할 수 있다. 나랏돈이 세금이듯, 빚을 메우는 것도 세금이다. 결정과 책임 사이에 시

차가 있다. 결정은 현세대가 하고, 책임은 미래 세대가 안는다. 회사가 성장하지 못하고 부채가 늘어나면 기업가치가 하락하고 투자자들이 떠나듯이 국가도 마찬가지이다.

## 국가부채비율 40% 논쟁, 서로 지키고자 만든 마스트리히트조약

'마스트리히트 조약Maastricht Treaty'이라고 불리는 것은 1991년 12월의 유럽이사회가 네덜란드의 마스트리히트에서 재건되어 붙여졌다. EC(유럽공동체) 가입의 12개국(벨기에, 덴마크, 독일, 그리스, 스페인, 프랑스, 아일랜드, 룩셈부르크, 이탈리아, 네덜란드, 포르투갈, 영국)이 새롭게 유럽연합(EU)을 설립하기 위해 1991년 12월의 유럽이사회(EC 정상회의)에서 합의를 본 것에 기초하여 1992년 2월에 구성국 정부의 조인을 얻어 1993년 11월에 정식으로 발효한 조약이다. 유럽연합(EU)은 1991년 마스트리히트 조약에서 모든 회원국이 '국가채무 60%, 재정적자 -3%'의 준칙을 적용하도록 했다. 그동안 우리나라는 명문화된 재정준칙 없이 마스트리히트 조약의 재정준칙을 참고해 국가채무비율 40%를 유지해왔다. 우리나라가 급속하게 고령화가 될 것이라는 특수성을 고려해 '40% 룰'은 곧 60%로 갈 것이라는 불문율이었다. 독일은 헌법에 '신규 채무가 국내총생산(GDP) 대비 0.35% 이내여야 한다'고 명시했다. 이를 바꾸려면 개헌을 해야 할 만큼 엄격하다. 영국은 'GDP 대비 공공부문 채무비율을 전년보다 감축해야 한다'는 내용을 아예 법제화하고 있다. 국제통화기금(IMF)에 따르면 지난 1985년부터 2015년까지 재정준칙을 도입한 국가는 총 85개국이다.

경제협력개발기구(OECD) 가입국 중 재정준칙을 명문화하지 않은 국가는 터키와 우리나라뿐이다.

국가 신용도 위해서는 질적인 경기부양책과 함께 시장경제 체질 개선이 반드시 이뤄져야 한다. 문제를 해결하는 방법은 지속해서 재정을 건전하게 관리하는 방법밖에 없다. GDP 대비 국가채무 비율의 급증을 막으려면 분자에 해당하는 국가채무의 총량을 관리하거나 분모에 해당하는 GDP를 증가시켜야 한다. 이러한 관점에서 당장은 채무 비율이 낮아 보여도 재정준칙을 통해 국가채무의 총량 자체가 커지는 속도를 관리하는 것이 출발점이다. 그렇다고 해서 필요한 분야까지 예산을 사용하지 않거나 부채를 절대 증가시킬 수 없는 것처럼 접근하는 것 역시 타당하지 않다. 정말 쓰임새에 맞게 사용되는 것은 중요하다. 부채 증가의 가능성은 열어두고 증가총액의 상한을 강제하는 방식(재정준칙)을 우리나라도 조속히 고려할 필요가 있다.

## 국가부채의 함정과 구축효과
## 재정지출을 향한 뜨거운 논란

정부의 재정지출을 향한 찬반논란이 뜨겁다. 케인스학파는 "경기가 안 좋을 때 정부가 적극적으로 개입해야 한다"고 주장한다. 이에 대해 보수적 시장주의자들은 "정부의 개입은 효과가 없다"고 맞받아친다. 정부가 재정적자를 메우기 위해 국채를 발행하면 이자율 상승으로 이어져 투자와 소비가 위축된다는 게 논리적 근거다. 이를 경제용어로 구축효과Crowding Out Effect라고 부른다. 정부의 개입이 경기 부양에 효과가 없다는 것이다. 두 주장 중 누구의 말이 옳은지 그

른지는 판단하기 어렵다. 정부 개입만으로 경기가 활성화되는 건 아니지만 정부가 국채를 발행한다고 시중금리가 반드시 상승세를 그리란 법도 없다. 특히 지금 같은 상황에선 그렇다.

한편 금융위기의 전문가 미국 경제학자 카르멘 라인하트Carmen Reinhart 하버드 케네디스쿨 교수는 〈이번엔 다르다This Time Is Different〉라는 베스트셀러 저서를 통해 현대사가 경험한 모든 금융위기의 주범은 부채이며 경기가 호황일 때 '이번에 전과 달리 위기가 도래하지 않을 것'이라는 경제낙관론자의 헛된 희망을 비판하고 있다. 세계는 지금 예비타이어 없이 질주하는 자동차와 같다. 〈이번엔 다르다This Time Is Different〉의 공저인 하버드대학교 경제학 교수 케네스 로고프Kenneth Rogoff는 자산과 부채의 균형을 강조한다. 일본의 경제 회복이 그렇게 오래 걸렸던 중요한 원인은 디레버리징deleveraging(투자와 부채를 줄이는 것)을 하지 않고 높은 레버리지를 유지하였기 때문이라고 적정 국가부채의 유지에 대한 중요성을 설명하고 있다.

## 재정부족으로 국채를 발행하여
## 시중자금 흡수 후 1/N빵의 문제점

국가가 보건 · 복지 · 고용 분야의 복지재정 확충과 재난지원금등을 목적으로 필요한 재정수요를 조달하는 방식으로 국채발행이 있다. 정부가 국채를 발행하여 경기를 부양할 때 몇 가지 문제점이 발생한다. 먼저 시장의 이자율이 상승하게 된다. 국채를 발행하면 당장 시중에 화폐유통량을 늘릴 수 있기 때문에 당장 경기부양의 효과가 있지만, 채권 발행이 평소 수요보다 늘어나면 그만큼 채권

가격이 하락할 가능성이 크다. 채권 가격이 하락하면 이와 반대로 움직이는 채권 금리는 상승한다. 장기 금리 상승 여파는 회사채 시장에도 영향을 미친다. 우량등급 회사채 금리도 함께 오르면서 신용도가 낮은 회사채의 금리 매력은 떨어지게 되고 유동성 확보 수단 중 하나인 채권 발행이 어려워지면 기업들은 더 높은 이자를 지급하고 자금을 빌려야 한다. 국고채 발행 급증이 민간기업의 자금조달 환경에 악영향을 미치게 되는 셈이다.

두 번째, 시장의 생산성과 효율성이 하락하게 된다. 정부가 국채를 발행하면 자금수요가 충분한 시중은행이 국채를 매입하게 되므로 시중의 자금이 은행에서 소비자에게 바로 흘러들어가지 않고 정부로 먼저 흘러들어간 뒤 가계나 기업으로 흘러들어간다. 시장의 자금은 시장경제의 원리에 따라 효율성이 높거나 생산성이 높은 곳에 몰리기 마련인데 정부의 무차별적인 배분이 일어날 가능성이 매우 높다. 시장의 비효율성이 나타나는 것이다. 무차별적인 배분은 시장의 생산성을 저해하고 과도한 통화량의 증가로 인플레이션이 나타날 수 있다. 선량한 무차별적인 배분은 가난한자에게는 단순히 배고픔을 덜게 하지만 부자에게는 자산구입 대출이자로 사용될 가능성이 높다.

세 번째, 국채가 발행되면 미래세대의 부담이 증가될 수 있다. 과거에 발행했던 국채의 만기가 되돌아오면 국채상환을 위한 다른 국채를 발행하는 차환상환이 일어날 수 도 있지만 결국은 증세를 하여야 한다. 누구의 세금을 올려야 하는가? 우리나라의 소득세·법인세의 대부분은 상위 5%-10%가 세수의 90%를 납부하고 있으므로 결국 감세혜택을 받았던 저소득층의 개인과 중소법인들의 몫으로 돌아갈 확률이 높다. 사회적 약자들에게 악 영향을 끼칠 것이다. 오늘 즐거운 파티를 할려면 파티 후 뒷감당을 고려하여야 한다. 급박한 팬더믹 상황이라도 정교한 뒷감당이 우선시 되지 않으면 뒷감당은 파티를 해보지도 못한 세대가 대가를 지불하게 되는 것이다.

# 06_
## 국가불행의 씨앗 인구감소와 재정준칙의 필요성

　재정준칙fiscal rules은 재정수지, 재정지출, 국가채무 등 총량 재정지표에 대하여 구체적인 수치를 동반한 재정운용 목표를 법제화한 재정운용정책으로 재정규율을 확보하기 위한 정책수단이다. 재정준칙은 관리하고자 하는 목표변수를 기준으로 유형을 구분하는 것이 일반적이다. 이에 의할 경우 재정준칙은 수입준칙, 지출준칙, 재정수지준칙, 채무준칙으로 구분할 수 있다. 독일은 2009년 6월 헌법개정을 통해 채무제한제도를 도입하였다. 동 제도의 핵심은 채무통제 규율로 정부의 구조적 부채규모를 낮추고 경기변동 등에 의한 자동안정화 장치를 통해 중장기적인 공공부채 감축 및 지속가능한 재정체계를 구축하는데 있다. 미국의 Pay-go 원칙은 1990년 예산집행법에 의해 처음 도입되었으며 2002년까지 유지되었고, 재정적자의 확대에 따라 2010년 재도입되었다. 의무지출 증가 또는 세입 감소를 내용으로 새로운 입법을 할 경우에는 반드시 이에 대응되는 세입증가나 다른 의무지출 감소 등 재원조달 방안이 동시에 입법되도록 의무화함으로써 재정수지에 미치는 영향이 상쇄되도록 하는 준칙이다.

프랑스는 자국 재정준칙으로 수입준칙과 지출준칙을 법제화하고 EU의 신재정협약(2012)에서 체결한 구조적 재정수지 준칙을 2012년 12월 재정조직법에 반영하고 있다. 초과세수 발생 시 재원배분의 방식을 결정하는 수입준칙과 연금 및 국가채무 이자비용을 제외한 정부지출을 물가상승률만큼 증가시키는 지출준칙을 운영하고 있으며, 구조적 재정수지 준칙은 구조적 재정적자가 GDP 대비 0.5% 이내가 되도록 제한하고 있다.

## 인구감소와 국가재정의 보수적 관리 필요

통계청의 '2017년~2067년 장래인구추계'를 보면 우리나라의 인구는 2028년 5,194만명을 정점으로 하여 점점 감소하다가 2067년에는 3,929만명으로 2017년 5,136만명 대비 약 1,200만명이 감소할 것으로 전망된다. 또한 15세에서 64세의 생산연령인구는 2018년 3,764만명에서 2067년에는 1,784만명으로 2018년 대비 약 2,000만명 감소한다. 노령화 추세도 가속화되어 65세 이상 노령인구 비율이 2018년 14.3%에서 2067년 46.5%로 절반 가까운 인구가 65세 이상 노령인구가 될 전망이다. 총 인구규모와 생산연령인구는 감소하고 노령화가 빠르게 진행되면서 경제성장률은 떨어지고 총수입은 감소하게 되며 연금 및 복지지출 등의 증가로 총지출은 늘어나게 될 것이다. 국회 예산정책처는 2019년~2050년 장기재정 전망을 통해 2050년까지 실질 GDP 성장률은 평균 2%, 총수입은 평균 3.3%, 총지출은 평균 4.3%로 예측하고 있으나 생산가능연령 인구의 감소와 노령화 추세에 따라 2030년 이후에도 지속적으로 2%대의 실질 GDP 성장률을 기대하기는 어려울 것으로 판단하고 있다.

2019년~2050년 장기재정 전망(국가채무 : D2 기준)

(단위 : 조원, %)

| 구 분 | 2019년 | 2020년 | 2030년 | 2040년 | 2050년 |
|---|---|---|---|---|---|
| 금 액 | 718.1 | 759.1 | 1,240.9 | 1,930.8 | 2,863.8 |
| GDP 대비 비율 | 38.1 | 39.5 | 50.5 | 65.6 | 85.6 |

출처 : 국회예산정책처, 2019~2050년 NABO 장기 재정전망

국회 예산정책처는 2019 · 2050년 장기 재정전망*에서 재정준칙을 도입할 경우 재정건전성 제고효과가 나타남을 분석한 바 있다. 독일의 채무준칙인 신규채무 규모를 GDP의 0.35%로 제한하는 규정을 우리에게 적용할 경우 국가채무의 GDP 대비 비율은 2050년 27.2%까지 낮아지고 EU의 안정 · 성장 협약의 재정수지 준칙의 재정수지적자는 GDP 대비 3%, 국가채무는 60% 이내로 유지하는 내용의 재정준칙을 도입할 경우 2050년의 국가채무는 기존보다 11.7%p 낮은 GDP 대비 73.8%로 예측하고 있다. 재정운용은 지속적으로 적자상태이고 국가채무액과 국내총생산 대비 국가채무비율이 계속 늘어나고 있으며 국가채무의 증가 속도도 굉장히 빠르다는 점을 고려할 때 이제부터라도 국가채무를 관리하기 위하여 구체적 수치를 명시한 재정준칙을 설정할 필요가 있다. 주요선진국들의 사례와 이미 발의된 재정건전화 법안 등을 보완하여 법률의 차원에서 국가채무를 체계적으로 관리할 필요가 있다.

---

* 국회예산정책처, 2019~2050년 장기재정전망, 2018. 9.

> **참고** 　재정준칙 정부제출 법률안

### 가. 정부제출 법률안(의안번호 2974, 2016. 10. 27. 발의) 주요내용

정부는 2016. 10. 27.에 재정건전화법안을 제출하였다. 제안이유를 살펴보면 미래 경제성장률의 둔화 및 생산가능인구의 감소추세 등 재정환경의 변화에 대응하고, 범정부적인 재정건전화 정책 추진을 위해 기획재정부에 재정전략위원회를 설치·운영하고, 적정한 국가채무 및 재정수지 목표를 설정·관리하기 위한 근거를 마련하며, 사회보험 등의 재정건전화 계획을 수립·제출하도록 하기 위한 근거를 마련하고자 하였다. 이를 위해 ①재정전략위원회를 두고, ②국가채무 총액의 비율을 국내총생산 대비 100분의 45 이하로 유지하며 이를 초과할 경우 세계잉여금 전액을 국가재정법 규정에도 불구하고 전액 국가채무 상환에 사용하도록 하였으며, ③관리재정수지의 적자를 국내총생산의 100분의 3 이하로 유지하도록 하였다. 또한 ④각 중앙관서의 장은 해당 회계연도부터 5 회계연도 이상의 기간에 대한 재정건전화계획을 수립하고, ⑤5년마다 해당 회계연도부터 40 회계연도 이상까지의 기간에 대해 재정전망을 실시하며, ⑥사회보험의 재정건전화계획을 수립하고자 하였다.

### 나. 송영길의원 대표발의안(의안번호 4378, 2016. 12. 14. 발의) 주요내용

2016. 12. 14.에 송영길 의원을 대표발의자로 하여 재정건전화법안이 발의되었다. 제안 이유를 살펴보면 저출산과 고령화로 인한 인구구조의 변화, 이에 따른 복지비용의 증가와 잠재성장률의 하락 등으로 향후 재정건전성이 악화될 것으로 전망되고 있으나, 현행 재정관련 법률은 모든 재정운용 주체를 포괄하는 범정부적인 재정건전성 관리체계를 구축하고 있지 못한 실정이므로 국가재정이 국민경제의 안전판으로서의 역할을 수행하고 국가기능이 지속가능성을 담보할 수 있도록 모든 재정운용 주체를 포괄하는 범정부적 재정건전성 관리체계를 마련하고자 하였다. 이를 위해 ①

국회에 재정전략위원회를 설치하고, ②국가채무, 재정수지 및 국세감면의 한계를 규정하여 신규 국가채무는 전년도 명목 국내총생산의 1만분의 35 이하로 유지하고 이를 초과시 세계잉여금을 초과분에 해당하는 신규 국가채무의 원리금 상환에 우선사용하고, 관리재정수지는 균형을 이루도록 하며 국세감면액 총액이 차지하는 비율이 대통령령으로 정하는 비율 이하가 되도록 노력할 의무를 부과하였다. 또한, ③모든 재정운용주체로 하여금 재정건전화계획을 수립하도록 하고, ④기획재정부 장관에게 5년마다 장기재정전망을 실시하도록 하였다.

### 다. 추경호의원 대표발의안(의안번호 14426, 2018. 7. 16. 발의) 주요내용

2018. 7. 16.에 추경호 의원을 대표발의자로 하여 국가재정법 일부개정 법률안이 발의되었다. 다른 법률안과는 달리 법률 제정이 아닌 기존 국가재정법을 개정하는 형태를 취하였다. 제안 이유를 살펴보면 우리나라는 세계 어느 나라보다 급속하게 저출산·고령화가 진행되어 생산가능인구의 감소에 따른 경제성장의 둔화 및 사회 복지 지출의 증가 문제가 심각해질 것으로 예상되고, OECD는 2029년 적자재정 전환 후 2040년에는 순채무국이 되고, 2060년에는 순채무가 GDP의 196%까지 증가될 것으로 예상하고 있음에도 문재인 정부 출범 이후 정부의 재정포퓰리즘 정책이 지속적으로 추진되어 국가의 재정건전성 악화가 더욱 우려되는 상황이므로 영국·독일·프랑스 등 해외 선진국들도 도입중인 재정준칙을 우리나라도 도입하여 정부예산 편성 등이 재정건전성을 해치지 아니하는 범위 내에서 이루어질 수 있도록 재정건전성 관리 기준을 법제화하고 정부로 하여금 이를 준수하도록 하고자 하였다. 이를 위해 ①정부가 예산안을 편성할 때에는 국가채무비율을 100분의 40 이하로 유지하도록 하고, 국가채무비율이 100분의 40을 초과하는 경우에는 해당 회계연도부터 5회계연도 이내의 기간 동안 초과 국가채무를 감축하기 위한 계획을 국가재정운용계획에 포함하고, 세계잉여금 전액을 국가채무의 원리금 상환에 전액 사용하여야 하며, ②

관리재정수지의 적자를 국내총생산액의 100분의 2 이하로 유지하도록 하며, ③기획재정부장관으로 하여금 2년마다 40회계연도 이상의 기간을 대상으로 하는 장기재정전망을 실시하도록 하고, 그 결과를 국회에 제출하도록 하였다.

### 라. 송언석의원 대표발의안(의안번호 20593, 2019. 5. 23. 발의) 주요내용

2019. 5. 23.에 송언석 의원을 대표발의자로 하여 재정건전화법안이 발의되었다. 제안 이유를 살펴보면 우리 사회는 저출산·고령화로 인한 생산가능인구의 감소, 복지 지출에 대한 재정소요 증가, 경제성장률의 지속적 하락세 등으로 인해 향후 재정건전성이 약화될 것으로 전망되고 있음에 불구하고 기존 재정운용 법령이 중앙정부, 지방정부, 사회보험, 공공기관별로 제각기 운용됨에 따라 범정부적이고 장기적인 재정건전성 관리가 어려운 실정이므로 국가·지방자치단체·공공기관 및 사회보험을 포괄하여 재정건전화 정책추진을 도모하고, 재정의 중장기적인 지속가능성을 확보하기 위한 법적·제도적 기틀을 마련하고자 하였다. 이를 위해 ①대통령 소속으로 재정전략위원회를 설치하고, ②국내총생산 대비 국가채무 총액의 비율을 100분의 40 이하로 유지하도록 하고, 이를 초과할 경우 세계잉여금 전액을 국가채무의 원리금 상환에 모두 사용하도록 하며, ③관리재정수지의 적자를 국내총생산액의 100분의 2 이하로 유지하고자 하였다. 또한 ④각 중앙관서의 장·지방자치단체의 장·교육감은 해당 회계연도부터 5회계연도 이상의 기간에 대해 재정건전화계획을 수립할 의무를 부과하고, ⑤2020회계연도를 시작 연도로 하여 5년마다 해당 회계연도부터 40회계연도 이상까지의 기간에 대하여 재정전망을 실시하며, ⑥사회보험의 재정건전화계획을 수립하여 재정전략위원회에 보고하도록 하였다.

# 07_

## 트로이의 목마
## : 근로소득 면세자 비율이 38.9%

　최근 국회 입법조사처가 발간한 〈2020 국정감사 이슈 분석〉 보고서에 따르면 근로소득세 면세자 수는 2018년 기준 722만명으로 비율이 38.9%에 달한다. 이 보고서는 "근로소득세 면세자 수의 증가로 근로소득세의 과세기반이 크게 축소되고 과세대상자의 세부담이 급증함으로써 당초 세법개정 취지와 달리 과세형평성이 저해되는 결과가 발생했다"고 분석하고 있다. 이처럼 높은 면세자 비율은 〈모든 국민은 세금을 내야 한다〉는 조세원칙인 '국민개세주의'에 위반되며, 소득세 관련 정책의사 결정의 왜곡을 초래할 수 있는 문제점이 발생한다. 따라서 장기적으로 면세자 축소는 소득세율 구조 정상화와 함께 이뤄지는 것이 바람직하다. 여당인 민주당의 싱크탱크인 더미래연구소는 최근 "재분배 정책을 강화하기 위해 보편적 증세가 필요하다"고 언급한 적이 있다. 한국 면세자 비율이 다른 나라와 비교해 압도적으로 높다는 점을 고려하면 소수의 기여에 의존하는 지금의 조세 구조는 개선할 필요가 있다고 지적한 것이다. 〈국회예산정책처〉에 따르면 2018년 근로소득세를 내지 않은 국내 면세자 비율은 38.9%였다. 미국(30.7%)과 호주(15.8%) 캐나다(17.8%) 등에 비하면 한국은 이에 비해 한국의 고소득자에 대한 세수 의존도가 상당히 높다라고 할 수 있다.

## 최고 세율 개정으로
## 고소득자만 늘어나는 1인당 세부담액

최근 정부는 소득세 과표구간에 10억원 초과 구간을 신설해 최고세율을 45%까지 올리는 내용을 골자로 한 세법개정안을 발표했다. 42%의 세율이 적용되는 구간은 5~10억원으로 정했다. 2017년 소득세 최고세율을 40%에서 42%로 올린 지 3년 만이다. 최고세율 인상으로 직접적 영향을 받는 대상자는 약 1만 6000명(2018년 귀속 기준)으로 추정되고 있다. 양도소득세를 제외하고 근로·종합소득세 기준으로만 따졌을 땐 약 1만 1000명이 적용받을 것으로 보인다. 이러한 근로자는 전체 근로소득자의 0.05% 수준이다. 예컨대, 과세표준이 30억원인 납세자라면 현행 세금은 12억 2460만원이지만 앞으론 6000만원이 늘어난 12억 8460만원을 내야 한다. 이러한 고소득자들은 연간 9000여억원, 즉 연평균 1인당 5600여만원의 소득세를 더 내야 한다. 소득세 증세가 오로지 고소득자에게만 한정되다 보니 공평하지 않는 세금이란 인식이 짙어질 수밖에 없다. 수년간 소득세 과세체계 개편과정만 보더라도 고소득 구간에서만 세율이 인상되고, 중산·저소득층이 적용받는 과표 구간의 세율은 건드리지 않거나 되려 낮아졌다.

| 백성과 다투지 말라는 조세정책,
| 고통분담하는 착한세금의 정의는 무엇인가


   기재부에 따르면 2008년 소득세 과표 구간은 4단계로, '1200만원 이하'·'4600만원 이하' 구간에 각각 8%, 17%의 세율을 매겼다. 2010년 이 소득 구간 세율은 6%, 15%로 내려가면서 10년 동안 제자리에 있다. 중산층으로 분류되는 8800만원 이하 구간도 24%의 세율도 10년째 유지하고 있는 상태다. 이에 비해 2008년 소득세 최고세율(35%, 8800만원 초과 적용)은 2012년에 '8800만원~3억원 미만'에 35%, '3억원 초과'으로 과표 구간을 쪼개 각각 35%, 38%의 세율을 매겼다. 이후 부자증세는 계속 이루어졌다. 2014년에 3억원 미만 소득 구간을 1억 5000만원으로 낮춰 35%의 세율을, 1억 5000만원 초과 소득에 대해선 최고세율(38%)를 적용시켰다. 2017년은 세율 구간을 6단계로 늘려 최고세율을 40%(5억원 초과)로 올렸고 2018년엔 최고세율을 42%까지 인상시켰다. 이러한 기조에는 조세저항에 대한 두려움이 깔려있는 것으로 해석된다. 2013년 정부는 소득세제 관련한 특별공제(의료·교육비, 기부금, 보험료, 연금저축·퇴직연금 등) 항목을 소득공제에서 세액공제로 바꾸는 세법개정안을 냈다. '총급여 5500만원 이하 근로자는 세부담이 늘지 않는다'는 정부의 발표와는 달리 세부담 증가 사례가 나오자 근로자들의 공분을 샀다. 이후 2015년 연말정산 보완대책을 거쳐 진화에 나선 바 있다.

   세제혜택이 남발되다보니 '근로소득 면세자' 수를 늘린 부작용을 낳았다. 실제 2013년 귀속소득 기준 약 530만명에서 2014년 약 802만명으로 무려 272만명이나 늘었다. 이듬해인 2015년은 810만명까지 치솟았다. 근로소득 과세대상자(약 1732만명) 중 46.8%에 해당하는 규모다. 면세자 비율은 2016년 43.6%, 2017년 41%, 2018 38.9%로 매년 낮아지고 있는 추세다. 인위적으로 공제제도 혜택을 줄인 결과가 아니라 임금상승 등에 따라 자연스레 '면세권역'을 벗어난 것이다. 그러나 여전히 772만명에 달하는 근로자가 면세점 구간에 머물러 있다. 이 중 6000만원이 넘는 연봉을 받고도 세금을 안 낸 중산층 면세자는 1만 8000명에 이른다.

2018년 기준 국가별 근로소득세 면세자 비율

(단위: %)

| 근로소득 | 한국 | 미국 | 호주 | 일본 | 캐나다 | 영국 |
|---|---|---|---|---|---|---|
| 면세자 비율 | 38.9 | 30.7 | 15.8 | 15.5 | 17.8 | 2.1 |

출처 : 국회예산정책처(2018)

## 상위 10%가 전체소득세 86.4% 부담

근로소득과 종합소득 등을 합한 통합소득 기준으로 상위 10%가 전체 소득세에서 차지하는 비중은 한국이 78.5%(2017년 기준)로 미국(70.6%)과 영국(59.8%), 캐나다(53.8%)보다 높다. 국세청이 집계한 2018년 종합소득세만 놓고 보면 소득 상위 10%의 납세 비중은 86.4%다. 상위 20%로 확대하면 이 숫자는 93.9%로 올라간다. 반면 같은 시기 하위 10%의 납세 비중은 0%이며 하위 50%로 확대해도 0.9%에 불과하다.

법인세도 마찬가지다. 2018년 매출 5000억원을 초과하는 733개 대기업(전체 기업의 0.2%)이 낸 법인세가 전체 법인세의 59.9%를 차지했다. 전체 기업의

0.9%인 연 매출 1000억원 초과 기업으로 집계하면 74.2%로 상승한다. 반면 전체 기업의 91.1%를 차지하는 매출 100억원 이하 기업이 내는 세금은 10.5%다. 소득세와 법인세 모두 경제협력개발기구(OECD) 평균인 42.8%, 23.5%보다 높다. 고소득자와 대기업이 내는 세금 비중은 많아졌지만 국가 전체적으로 보면 여전히 세금 부담률은 낮다는 이야기이다. 조세부담율과 국민부담율이 OECD국가들보다 낮은 이유는 부자들이나 대기업의 세금납부 규모가 작은 것이 아니라 세금을 내지 않는 면세자 비율이 높은 것으로 해석되어야 한다.

2018년 기준 상위 누적 조세부담 비율

| 소득세 | 누적세 부담비율 | 법인세 | 누적세 부담비율 |
|---|---|---|---|
| 상위10% | 86.4% | 상위 0.2% | 59.9% |
| 상위20% | 93.9% | 상위 0.9% | 74.2% |
| 총세수규모 | 86.3조 | 총세수규모 | 70.9조 |

출처 : 2014-2019 기획재정부/행안부자료

# 08_
## 조세지출을 통한 세제혜택의 최종귀착지는 대부분 중소기업과 저소득층

조세지출tax expenditure은 사회적·경제적 목적을 달성하기 위해 특정 활동 또는 특정 집단에게 세제상의 혜택을 제공해 지원하는 것을 말한다. 예산상의 모든 지출이 직접지출이라면 세제상의 특혜를 통한 지원은 간접지출이라고 볼 수 있다. 조세지출은 그만큼의 보조금을 준 것과 같다는 의미에서 '숨은 보조금hidden subsidies'이라고 부르기도 한다. 조세지출의 개념은 미국 재무부 차관보였던 Stanley S. Surrey에 의해 처음 고안되었으며 1968년 예산문서에서 처음 사용되었다. 미국의 1974년 의회예산 및 지출거부통제법Congressional Budget and Impoundment Control Act에는 조세지출을 '현실의 총소득에 특별비과세, 특별면제, 특별공제를 허용하거나 또는 특별한 세액공제, 특혜적 세율, 또는 세부담의 이연을 허용하는 연방정부의 세법 규정 때문에 야기되는 세수손실'로 정의하고 있다. 미국의 조세지출제도 이외에도 독일의 조세원조tax aids, 일본의 조세특별조치special tax measures, 그리고 영국의 직접조세공제 및 경감제도 등이 한국의 비과세·감면제도와 성격이 같은 제도들인데 1980년대를 전후로 프랑스·벨기에·핀란드·포르투갈·네덜란드·아일랜드·이탈리아·오스트레일리아 등이 도입하여 현재 OECD에 가입한 29개국 중 미국·영국 등 14개국이 도입하고 있다.

## 조세지출의 정책적 장점과 성과관리

비과세·감면제도는 경제적 효율성과 과세 형평성을 제고하고 정부의 시장개입 수준이 정부 재정지출 확대보다 낮아서 민간부문의 자율성을 제고할 수 있다는 장점이 있다. 연구개발과 같이 긍정적 외부효과를 갖는 분야에 대한 조세지원을 통해 시장실패를 치유하고 적정한 자원배분을 유도함으로써 경제적 효율성이 제고 가능하다. 또한 다양한 취약계층에 대한 세금경감을 통해 다소나마 소득을 보전함으로써 과세형평성 제고도 가능하다. 금융이나 예산지원에 비해 시장개입 수준이 낮고 재정지출보다 적은 행정비용과 단순한 행정절차 등 민간부문의 자율성 보장 가능한 영역이다.

하지만 특정한 정책목표를 위해 도입된 비과세·감면제도들이 항구화·기득권화 되는 경향과 유사한 정책목표를 가진 세출예산과의 연계 및 종합적인 검토가 적절히 수행되지 않아서 특정 경제행위, 특정 산업 또는 특정 계층에 중복적으로 지원되며 과세형평을 저해되는 경우가 있어 이러한 문제점을 인식한 정부는 비과세·감면제도를 보다 합리적이고 체계적인 방법으로 관리하고자 2013년부터 조세지출 성과관리 체제를 도입하였다. 조세지출성과관리는 개별 비과세·감면 항목들의 소관부처에서 시행하는 자체평가와 전문가 그룹에 의해 수행되는 종합평가로 구성된다.

〈2020년도 조세지출 기본계획〉을 보면 국세감면액은 51조 9000억원으로 지난해(50조 1000억원)보다 1조 8000억원이 늘어난다. 정부는 「국가재정법」 제88조에 따라 무분별한 세금 감면을 막기 위해 당해 연도 감면율이 직전 3개년 평균 국세감면율보다 0.5%P(포인트) 이상 증가하지 않도록 국세감면한도를 두고, 이를 초과하지 않도록 권고하고 있지만 올해 국세감면율은 15.1%로 예상 국세감면한도 14%를 1.1%P 상회하게 된다. 연도별 국세감면액과 국세감면율을 보면 아래의 〈표〉와 같다.

우리나라 국세감면액 및 국세감면율

(단위 : %)

| 구분 | '18년(실적) | '19년(실적) | '20년(전망) |
|---|---|---|---|
| 국세감면액(A) | 43.9조 | 50.1조 | 52조 |
| 국세수입총액(B) | 293조 | 294조 | 292조 |
| 국세감면율 | 13.0 | 14.5 | 15.1 |
| 국세감면율법정한도 | 14.0 | 13.5 | 14.0 |

출처 : 기획재정부 2018-2020 조세지출기본계획

## 최근 3개년 우리나라 항목별 조세지출(tax expenditures)의 수혜자는 대부분 중소기업과 저소득층

2020년 기준 조세지출을 수혜자별로 보면 개인에 대한 지원이 32조 8000억원이며 중·저소득자에 대한 감면액이 21조 8000억원으로 전체 개인감면액(32조원)의 68.2%를 차지한다. 고소득층에 대한 감면액은 10조 2000억원

(31.8%) 수준이다. 기업에 대한 감면액은 19조 6000억원으로 전망되는데 중소·중견기업에 대한 세제지원액이 약 14조 5000억원이다. 개인별, 기업별 조세지출 수혜자별 귀착 현황은 아래의 〈표〉와 같다. 조세지출의 수혜자별 귀착 현황을 보면 조세지출 약 52조의 규모 대부분의 조세지출이 특정 고소득층이나 대기업의 보다는 중·저 소득층의 개인과 중소·중견기업에 대부분 귀착되고 있는 것을 알수 있다. 조세지출을 폐지하여 기본소득제의 특정재원을 마련하자는 것은 아래의 수치를 비교해보면 많은 오류가 있음을 알 수 있다. 정부가 주는 조세지출이 고소득자에게 돌아가는 것은 비과세나 세액공제·감면, 소득공제 중 소득 수준을 특정하지 않는 조세지출이 상당하기 때문이다. 소득에 관계없이 정책적 목적상 공제제도를 두고 있는 것이다. 일례로 보험료나 신용카

조세지출의 수혜자별 귀착 현황

(단위 : 억원, %)

| 구분 | | 2018년 | | 2019년 | | 2020년 | |
|---|---|---|---|---|---|---|---|
| | | 실적 | 비중 | 실적 | 비중 | 실적 | 비중 |
| (1)개인 | ①중·저소득자 | 164,861 | 65.05 | 215,373 | 68.92 | 218,059 | 68.17 |
| | ②고소득자 | 88,566 | 34.95 | 97,121 | 31.08 | 101,827 | 31.83 |
| | 계 | 253,427 | 100.0 | 312,494 | 100.0 | 319,885 | 100.0 |
| (2)법인 | ①중소기업 | 121,644 | 66.40 | 135,191 | 72.71 | 141,750 | 72.27 |
| | ②중견기업 | 5,636 | 3.08 | 5,805 | 3.21 | 5,935 | 3.03 |
| | ③상호출자기업 | 31,747 | 17.33 | 21,967 | 11.81 | 24,164 | 12.32 |
| | ④기타기업 | 24,160 | 13.19 | 22,963 | 12.35 | 24,294 | 12.39 |
| | 계 | 183,188 | 100 | 185,926 | 100 | 196,143 | 100 |
| (3)구분 곤란 | | 2,918 | | 2,963 | | 3,069 | |
| 총계 | | 439,533 | | 501,382 | | 519,097 | |

출처 : 기획재정부 2018-2020 조세지출기본계획

드, 의료비, 교육비 등과 관련한 소득공제나 세액공제는 고소득자도 받을 수 있는 조세지출이다.

 현재 대부분의 소득공제 항목이 세액공제로 적용되어 한계세율이 높은 고소득자 세제혜택은 점점 감소하고 있는 추세이다. 저소득층의 보험료나 신용카드, 의료비, 교육비 등과 관련한 소득공제나 세액공제는 유지하고 고소득자의 세액공제나 소득공제만을 폐지하는 것은 조세지원제도를 이해하지 못하는 지나친 발상이다.

# 09_
# OECD국가들의 부가가치세율
# 경쟁력 인상 소비도 소득이다

   최근 랜달 존슨 OECD 한국경제 담당관은 "부가가치세는 성장 친화적이라는 점에서 경제학자들이 선호한다"라며 "저소득층에 부담되는 것처럼 보일 수 있지만 다양한 정책을 통해 저소득층 소득을 늘려줄 수 있다"고 말했다. 소득 수준과 무관하게 같은 금액이 부과된다는 점에서 부가가치세는 역진적이라는 비판이 있지만 이는 근로장려세제(EITC) 등을 통해 보완될 수 있다고 봤다. 세수 증대를 위한 법인세 인상 정책은 대기업보다는 대기업 협력업체에 더 큰 타격을 줄 수 있으며 경제전반적인 효율을 감소시킨다 것이 OECD 국가들의 대체적인 시각이다. 이러한 이유로 OECD 대부분 국가들인 법인세율은 인하하고 부가가치세 인상하는 조세정책을 유지하고 있다.

   우리나라도 초고령화 사회에 진입하고 있어 2050년 노인부양률이 72.6%에 달할 것으로 전망되고 있다. 또한 생산연령인구 감소로 소득세와 법인세 등 생산활동에 기반을 둔 세수 감소가 수반될 것으로 예상되고 있어 이에 따른 재원 마련의 방안으로 부가가치세율 인상 카드가 꼽히고 있는 것이다. 재정위기에 처한 유럽국가들도 발표·시행하고 있는 정책에 빠지지 않고 등장하는 것이 부가가치세 등 간접세 형태의 소비세 인상이다. 대부분의 유럽국가들은 부가가치세율을 15% 이상으로 설정하고 있다. 덴마크, 노르웨이, 스웨덴 등 북유럽 3개국의 부가세율이 25%로 가장 높고 스위스 7.6%를 제외하면 영국과 프랑스는 20%의 부가세율임에도 낮은 편에 속한다. 부가세율이 높은 순으로 살펴보면 1위 덴마크·노르웨이·스웨덴 25%, 4위 아이슬란드 24.5%, 5위 핀란드·폴란드 22% 등의 순이며, 우리나라는 10%의 세율로 25위에 해당한다. OECD 회원국 중 부가세율이 20% 이상인 나라가 12개국, 15% 이상인 나라는 23개국이다.

조세지출의 수혜자별 귀착 현황

| 국가별 | 표준세율(년도)% | | | 경감세율 | 초경감세율 |
| --- | --- | --- | --- | --- | --- |
| | 2019 | 2017 | 2013 | 2019 | 2019 |
| 한국 | 10% | 10% | 10% | | |
| 일본 | 8% | 8% | 5% | | |
| 호주 | 10% | 10% | 10% | | |
| 오스트리아 | 20% | 20% | 20% | 10%, 13% | |
| 독일 | 19% | 19% | 19% | 7% | |
| 그리스 | 24% | 24% | 23% | 13% | 6% |
| 이탈리아 | 22% | 22% | 22% | 10% | 4% |
| 영국 | 20% | 20% | 20% | 5% | 5% |
| 스웨덴 | 25% | 25% | 25% | 6%, 12% | |
| 프랑스 | 20% | 20% | 20% | 5.5%, 10% | 2.1% |
| 캐나다 | 5% | 5% | 5% | | |

출처 : OECD, tax database 2019. 7. 30.일 기준으로 작성함

우리나라보다 부가가치세율이 낮은 국가는 부가세를 도입하지 않은 미국을 제외하면 일본 (8%), 스위스(7.6%)와 캐나다(5%) 뿐이다. OECD 회원국 중 지난 10년간 부가세율을 올린 나라는 22개국이다. 영국이 17.5%이던 부가세율을 20%로 올린 것을 비롯해 이탈리아(20%→22%), 프랑스(19.6%→20%) 일본 (5%→8%) 등이 부가세율을 세수확보 목적으로 인상하였다. 재정위기에 처한 유럽국가들이 부가세율을 인상하고, 대부분의 유럽 국가들의 부가세율이 15% 이상으로 높은 이유는 부가세가 정부입장에서 가장 손쉬운 세수확보 수단 중 하나이기 때문이다.

## 우리나라 부가가치세율 인상의 시사점과 문제점

한국 법인세 세수액은 GDP의 3.5%로 OECD 평균(2.9%)을 웃돌지만, 부가가치세 수입 비중은 GDP의 4%로 OECD 회원국 중 5번째로 낮은 수준이다. 1977년 부가가치세 제도 도입 이래 10%를 유지하고 있는 세율도 OECD 평균세율(19%)과 비교하면 상당히 낮은 편이다. 부가세의 가장 큰 특징은 '역진성' 이다. 이는 계층별 특성을 고려하지 않고 모든 이들에게 비례적으로 부과되는 특성 때문이다. 수준별로 차등 부과되는 소득세와는 다른 면이다. 가령 1만원짜리 상품을 살 때 현재 부가세는 909원이 부과된다. 순수한 상품가액 9091원의 10%다. 이는 소득이나 자산 수준과 상관 없이 똑같이 적용된다. 과세기준이 경제주체가 아닌 재화나 용역 그 자체이기 때문이다. 부가세는 거래비용이기 때문에 인상시 거래 자체를 감소시키는 문제가 발생하면서 돈이 돌지 않고, 결국 사회 전체의 부가가치가 줄어들 수 있다는 의견이 많다.

그러나 우리나라도 증세가 필요하면 부가가치세 인상논의를 피할 수 없다고 판단된다. 최근 한국개발연구원(KDI)보고서에 따르면 인구 고령화가 심화되고 재정 지출은 늘어나면서 30년 뒤에는 부가세 수입이 10조 줄어들 것으로 전망되고 있다. 정부는 세수를 확보하기 위해 부가가치세율에 대한 대응에 나설 가능성이 높다. 간접세인 부가가치세는 동일한 세율이 부과되기에 역진성의 비판을 받지만 소비를 많이 할수록 많은 세금을 내게 되므로 누진적이라는 새로운 과세논리가 등장하고 있다.

하지만 부가가치세 인상이 곧 물가상승으로 이어질 수 있다는 점, 부가가치세는 소비자가 부담하는 세금이므로 소비자에게 전가된다는 점을 전문가들은 우려하고 있다. 부익부 빈익빈 현상이 심화되어 가고 있는 상황에서 물가상승은 저소득층에게 큰 부담이 될 수 있고, 당장 물건 값을 올릴 수 없는 중소사업자의 경우 그 부담이 고스란히 사업자에게 돌아갈 수 있음을 고려하여야 한다. 아울러 부가세 인상은 부자 증세 등과 달리 모든 국민에게 세부담을 준다는 점에서 조세저항 역시 정확히 판단 할 수 없다. 정치권과 관가 역시 이러한 점 때문에 부가세 인상 카드를 섣불리 꺼내지 못하는 면도 있다.

최근 미국 조세재단Tax Foundation이 OECD 회원국을 대상으로 평가한 〈조세국제경쟁력지수〉에 따르면 한국은 2016년 12위에서 2017년 15위, 2018년 17위로 2년간 다섯 단계나 추락했다. 전문가들은 '부자 증세'의 부작용을 우려하고 있다. 고소득층의 '일할 의욕', 경제적 인센티브를 꺾을 수 있기 때문이다. "더 열심히 일해봤자 절반은 국가가 가져간다"는 것이다. 이러한 의미에서 부가세는 간접세인 보편적 증세로서의 의미를 가진다. 부가세 인상이 필수적이라면 점진적으로 면세범위를 축소시키면서 차등부가세나 경감세율제를 도입하여 충격을 완화할 필요가 있다.

국세 항목별 조세수입 현황

(단위 : 조)

| 항목 | 2018년도 | | 2019년도 | |
|---|---|---|---|---|
| | 세수 | 비율 | 세수 | 비율 |
| 법인세 | 70.9 | 25% | 72.1 | 24.6% |
| 소득세 | 86.3 | 30.4% | 83.5 | 28.4% |
| 부가가치세 | 70 | 24.7% | 70.8 | 24.1% |
| 교통·에너지·환경세 | 15.3 | 5.4% | 14.5 | 4.9% |
| 개별소비세 | 10.5 | 3.7% | 9.7 | 3.3% |
| 상속증여세 | 7.4 | 2.6% | 8.3 | 2.8% |
| 종합부동산세 | 1.9 | 0.6% | 2.7 | 0.9% |
| 기타 | 28.2 | 7.6% | 31.4 | 11% |
| 합계 | 290.5 | 100% | 293 | 100% |

출처 : 2018-2019년 국세통계자료

# 10_
## OECD국가들의 상속세 폐지가 주는 시사점
## "자본은 손쉽게 이동한다"

상속세 도입 배경에는 부의 대물림을 막아 양극화 현상을 예방하고 세대간 이동성을 높이고자 하는 동기가 있었으나 상속세가 일으키는 사회적 비용도 만만치 않다는 반대 의견도 있다. 이에 OECD 여러 국가에서는 상속세를 인하하거나 폐지하는 추세이다. 높은 상속세율로 인한 조세부담은 개인 및 기업의 의사결정에 영향을 미쳐 경제주체의 행동을 변화시키기 때문에 최종적으로 경제 전반에 영향을 미칠 수 있다. 여러 연구자료에 따르면 GDP 대비 상속세수의 비중이 높을수록 민간투자도 감소하였으며 GDP 성장률도 낮았다.* 상속세가 경제 전반에 부정적인 영향을 미치고 있다는 결과를 얻은 것이다. 이는 장기적으로 상속세수를 축소하는 방향이 바람직하며, 최근 OECD 국가들의 상속세 축소 및 폐지 경향이 국가 경제에도 도움이 되는 것임을 뒷받침하는 결과이다.

---

* 송헌재, 2020. 10. OECD 자료를 활용한 상속세가 민간투자와 경제성장률에 미치는 영향 분석. 한국자료분석학회

반면 앤드류 카네기Andrew Carnegie는 1890년 North American Review 라는 학회지에 "부의 복음 The Gospel of Wealth"이 라는 제목으로 다음과 같은 요지의 글을 발표했다. 즉, "거대한 부의 축적은 사회가 생산한 가치를 개인이 소유함으로써 발생한다. 그러므로 개인의 부를 국가에다 환원시키는 것은 공평한 것이다." 그는 사망한 자가 축적·형성한 부를 그의 일생의 재산으로 보면서 재산상속 과정에다 상속과세를 개입시킴으로써 그 재산의 일부를 국가에 이전시켜야 한다고 보았다. 한국에 있어서 상속과세는 세수기능에 주안점을 둔 조세라기보다는 부의 집중억제 내지 공유자산의 분산이라고 하는 사회정책적 기능에 더 중요성을 부여하고 있는 조세라고 보아야 할 것이다. 각 나라간의 상속세의 가치관에 따라 세율은 상당히 다르게 나타난다.

OECD 주요 국가 상속세 과세현황

| 국가 | 최고세율 | 국가 | 최고세율 | 국가 | 최고세율 |
|---|---|---|---|---|---|
| 한국 | 50% | 영국 | 40% | 뉴질랜드 | 0% |
| 일본 | 55% | 프랑스 | 45% | 캐나다 | 0% |
| 미국 | 40% | 스웨덴 | 0% | 노르웨이 | 0% |
| 독일 | 30% | 포르투칼 | 0% | 오스트리아 | 0% |

참고 : OECD 국가별로 상속공제와 가업상속공제는 상이, 미국의 경우 2020년 현재 125억원 공제

## 상속세 이중과세의 논란

상속세의 적정 부담을 논하기 전에 먼저 해결해야 하는 것이 있다. 이미 재산의 형성과정에서 조세를 납부한 후의 잔여 재산에 대하여 이를 상속 또는 증여하

는 경우에 별도의 조세를 부담하는 것은 부당하다는 견해가 그것이다. 이 경우의 이중과세 double taxation란 결국 피상속인의 소득세 납부 후 남겨진 유산에 상속세를 다시 부과한다는 의미로 이해된다. 이중과세는 유산세 과세방식*을 취할 때에 의미가 더욱 명확하고 유산취득세 방식을 취하는 경우에는 누진율이 완화되므로 상대적으로 문제 제기가 적다. 입법적으로 우리나라와 미국, 영국은 유산세 방식을 일본과 독일은 유산취득세 방식을 취하고 있다.

현행 상속세가 소득세와 마찬가지로 누진율의 적용을 받는 피상속인을 기준으로 재산을 합산하여 최고 누진율 50%를 적용하는 유산과세 형식을 취하고 있고 상속세 과세대상자산 역시 기존의 소득세를 이미 납부하고 축적된 재산이므로 결국 과세되어져야 할 자산은 취득 후 증가된 미실현이익 뿐이라는 논리에 접근하면 결국 상속세가 폐지 되거나 자본이득과세로 이행해야 한다는 결과에 이른다.

반면 현행 헌법이 사회국가를 수용하고 있으며 사회적 시장경제와 사회적 기본권에 관한 명문의 규정을 두고 있고 상속세 계산구조상 인플레이션이나 이중과세의 완충작용을 위하여 각종공제(인적, 물적, 가업상속공제)를 두고 있기 때문에 소득세를 부과한 이후에 다시금 상속세·증여세를 부과하는 것은 이중과세 내지 과도한 조세부담이라고 말하기 어렵다는 견해도 있다. 상속세가 이중과세인지 여부의 판단은 논리적 타당성의 문제라기보다는 입법정책 선택의 문제이며 결국 소득세를 포함한 상속세 부담의 적정성이 이러한 선택에 영향을 미칠 것이다. 즉, 상속세율 부담이 크지 않다면 이중과세 여부를 주장할 가능성이 적거나 이중과세이더라도 이를 수용할 가능성이 높다고 본다.

---

* 피상속인이 남겨둔 자체를 상속세 과세대상으로 삼는다. 반면 유산취득세 방식은 상속받은 인별로 과세된다.

## 스웨덴의 상속세 폐지과정, 아스트라 상속세

스웨덴은 강력한 조세제도와 이를 통한 보편적 복지제도를 실시하는 모범적 사례로 평가되고 있다. 또 OECD 국가들 중에서도 소득과 부의 분배가 비교적 평등하게 이루어지고 있다고 평가되고 있다. 이런 스웨덴에서 2004년 의회의 만장일치로 상속세와 증여세를 없앴다는 것은 다소 의외로 여겨질 수 있는데, 그 과정과 이유를 살펴보면 수긍이 간다. 상속세를 폐지하기 전 스웨덴의 상속세 최고세율은 70%에 이르렀다. 상속세가 전체 세수에서 차지하는 비중은 0.3~0.5%에 불과하였지만 상속을 통하여 부의 세습과 집중에 따른 폐해를 막아야 한다는 이념에 기초하여 고율에 의한 상속세 제도가 시행되었다. 고율에 의한 상속세 부과를 통하여 부의 세습과 집중의 완화라는 긍정적인 효과를 거둔 것은 분명하지만 부정적 효과 역시 피할 수 없었다.

대표적인 것이 아스트라의 상속의 사례이다. 1984년 스웨덴의 제약회사인 아스트라 설립자의 부인이 사망함에 따라 자녀들이 재산을 상속하게 되었는데 상속재산의 대부분은 회사 주식이었다. 상속인들은 최고세율 70%에 따라 산정된 상속세를 납부하기 위하여 상속한 회사 주식을 매각할 수 밖에 없었다. 이러한 소식이 알려지자 회사의 다른 주주들은 상속인들의 주식 대량 매도에 따라 주가가 하락할 것을 우려하여 그 전에 자신의 주식을 매각하려 하였고 그 과정에서 주가가 폭락하였다. 결국 상속인들이 상속한 회사 주식의 매각대금이 상속세액에도 미치지 못하여 상속인들이 아무 것도 상속받지 못하는 결과가 초래되고 말았다. 이러한 사태는 스웨덴의 다른 기업가들에게도 영향을 미쳤다.

세계적인 가구회사인 'IKEA', 우유팩을 발명하여 유명한 'Tetra Pak'의 설립자 등 많은 스웨덴 기업가들이 아스트라와 같은 사태를 겪지 않기 위하여 스웨덴을 떠난 것이다. 정도의 차이는 있지만 고율에 의한 상속세 부과는 스웨덴 중산층에도 부담을 안겼다. 스웨덴 중산층은 주택을 보유한 상태에서 연금으로 노년을 보내는 경우가 많아서 사망으로 주택이 상속되는 경우 상속인들이 고율에 의한 상속세를 납부하기 위해서는 대부분 주택을 처분해야만 했던 것이다. 많은 기업 또는 기업가들이 스웨덴을 떠나고 중산층에게도 과도한 부담을 지운다는 문제 제기가 지속되었고, 2004년 드디어 의회의 만장일치로 상속세가 폐지되었다. 상속세 폐지 이후 스웨덴을 떠났던 기업과 기업가들이 스웨덴으로 복귀하였다. 이러한 스웨덴의 사례는 시사하는 바가 크다.

## 초고율 상속세 방치땐 국가적 재앙
## 자본이득세로 전환해야 한다

우리나라의 상속세 제도는 상속세를 폐지하기 전의 스웨덴과 유사한 점이 많다. 우리나라의 상속세 최고세율은 50%이다. OECD 35개 회원국 중 11개국이 상속세를 부과하지 않는다는 점을 차치하고라도 우리나라의 상속세율은 상속세를 부과하는 회원국 중 일본(55%)에 이어 두 번째로 높다. 최대주주 주식에 대한 30% 할증까지 더해지면 최고세율은 실질적으로 65%에 이르기 때문에 사실상 상속세 폐지 전의 스웨덴의 상속세율에 근접한다. 우리나라 전체 세수에서 상속세 및 증여세가 차지하는 비중은 2% 남짓에 불과하고 전체 상속 건 중 상속세가 부과되는 비중도 1% 남짓에 불과하다. 독일, 일본 등에 비하여 우리나라는 장수하는 기업이 희소한데 고율에 의한 상속세의 부담이 주요한 원인 중 하나라고 평가되고 있다. 이러한 여러 사정에 상속세를 폐지하는 세계적인 추세까지 고려할 때 우리나라도 스웨덴처럼 상속세를 폐지하거나 적어도 세율을 낮추어야 한다는 주장이 계속 제기되고 있다. 일정한 규모 미만의 중소·중견기업에게는 가업상속공제 제도를 두고 상속세 부담을 낮추어 주고 있지만 사후관리 요건이 까다로워 활용 범위가 낮다. 특히 상장회사들에게는 기업상속제도가 적용이 되지 않아 상속세로 인한 경영권 위협도 존재한다. 따라서 상속인이 회사지분을 상속받은 후 지분을 매각시 피상속인의 취득가액과 매각시 차액에 대한 양도소득세 형태의 자본이득세를 도입하는 것이 바람직하다. 우리나라에서 재벌과 권력자의 유착으로 인한 불행한 미래는 항상 기업승계에 따른 상속세 문제에서 시작됨을 잊지 말아야 한다. 상속세를 세수 수입원으로 과감히 포기했을 때 얻게 되는 경제적 유인효과도 검토해 보아야 한다.

연도별 우리나라 상속세·증여세 비중

| 구분 | 총국세 | 상속세 | 증여세 | 소계 | 국세비중 |
|---|---|---|---|---|---|
| 2016년 | 242.6조 | 1.99조 | 3.35조 | 5.34조 | 2.0% |
| 2017년 | 265.3조 | 2.34조 | 4.43조 | 6.77조 | 2.5% |
| 2018년 | 293.5조 | 2.83조 | 4.52조 | 7.35조 | 2.5% |
| 2019년 | 293.4조 | 3.15조 | 5.17조 | 8.32조 | 2.8% |

출처 : 2020년 현재 국세통계연감을 참고하여 재작성함

# 11_
# 기업 리쇼어링을 통한 성장과 조세정책
## "기업이 살아야 나라가 산다"

　오프쇼어링Off-shoring은 기업의 사업장을 인건비가 저렴한 해외로 이전시키는 현상을 의미한다. 오프쇼어링은 1980년대 다국적 기업들이 값싸고 풍부한 노동력을 찾아 중국, 인도 등 개발도상국에 공장을 지으며 시작되었으며 약 30년간 글로벌 기업들의 오프쇼어링이 활발히 일어났다. 2008년 금융 위기를 기점으로는 새로운 변화가 일어나기 시작했는데 바로 '리쇼어링Reshoring'이다. 리쇼어링은 오프쇼어링과 반대의 의미로 비용 절감을 위해 해외로 이전시켰던 제조 또는 서비스 기능을 본국으로 옮겨오는 것을 의미한다. 최근 미국의 경우 오바마 정부부터 미국 제조업 부흥Renaissance of the U.S. manufacture을 목표로 리쇼어링 정책을 본격 추진하였고 2017년 출범한 트럼프 행정부는 세제개편을 통해 미국 역사상 가장 큰 법인세 감면(35% → 21%)을 단행하면서 해외 수익금 송금세율 인하(35% → 10%), 미국 내 시설투자에 대한 100% 비용 인정, 유턴 기업 공장 이전 비용 세액공제 20% 등을 통해 해외 자본 및 생산시설의 미국으로의 유입을 견인하였다.

미국의 비영리단체 〈Reshoring Initiative〉에 따르면 미국 정부의 적극적인 리쇼어링 정책 추진의 결과 미국의 유턴기업은 2014년 340개사에서 2018년 886개사로 크게 증가했고, 특히 트럼프 행정부 이후 가파른 증가세를 보이고 있다.

일본의 경우, 2000년대 초반부터 간헐적으로 리쇼어링이 추진되었으나 가시적 효과를 보지 못하다가 최근에는 각 지방자치단체들이 투자유치 활동의 하나로 유턴기업 유치에 적극적이며 중앙정부는 제조업 강국을 지향하는 아베노믹스의 일환으로 이를 지원하는 형태를 보이고 있다.* 아베내각은 2011년 3월 11일 대지진으로 피해를 본 동일본지역을 '부흥특구'로 지정하고, 입주 U턴 기업에 각종 특혜 제공을 발표하였으며 도쿄·오사카 등 국가전략지구에 규제특례조치와 법인세 감면, 연구개발(R&D) 투자지원 등을 통해 일본 내 활발한 기업 활동을 지원하고 있는 상태이다. 그 결과 도요타·혼다·닛산 등 자동차 3사 및 캐논 등 전자기업이 중국에서 일본으로 공장을 옮겼다. 우리나라에 비해 리쇼어링이 활발하다고 평가되는 미국과 일본의 경우 〈조세특례조치〉를 통한 한시적 법인세 감면 이외에도 사업장 이전 및 국내 시설투자 비용에 대한 지원, 유턴기업의 경쟁력 확보를 위한 R&D 지원, 법인세율의 지속적 인하 등 유턴기업의 경영환경을 개선하기 위해 세제 측면에서 폭넓은 지원을 하고 있다.

---

* 여의도 연구원, 2017 「국내외 리쇼어링(기업유턴) 정책 평가와 시사점」

## 법인세율 인하의 필요성
## 그리고 우리나라의 공허한 리쇼어링 정책

전국경제인연합회는 지난해 보고서를 통해 최근 5년간 국내로 돌아온 유턴기업은 연평균 10.4개사로, 미국의 482개사와 큰 차이를 보인다고 지적하고 있다.* 우리나라에서도 2013년 12월부터 '해외진출 기업의 국내복귀 지원에 관한 법률(유턴기업지원법)'이 생겨나며 리쇼어링Reshoring을 위한 움직임이 시작되었지만 전국경제인연합회의 보고서에 따르면 최근 5개 년도에 국내로 돌아온 유턴기업은 연평균 10.4개사에 불과하다. 우리나라 경제계에서는 리쇼어링에 대한 정부 지원을 회의적인 시각으로 보고 있기 때문이다. 해외로 진출한 기업

### OECD R&D 세제지원 순위(2018년 기준)

(단위 : R&D 1투자에 대한 세제지원 정도 지수)

| 대기업 | | | 중소기업 | | |
|---|---|---|---|---|---|
| 순위 | 국가 | 지수 | 순위 | 국가 | 지수 |
| 1 | 프랑스 | 0.43 | 1 | 프랑스 | 0.43 |
| 2 | 포르투칼 | 0.39 | 2 | 포르투칼 | 0.39 |
| 4 | 스페인 | 0.33 | 4 | 스페인 | 0.33 |
| 14 | 일본 | 0.17 | 10 | 영국 | 0.27 |
| 19 | 영국 | 0.11 | 14 | 대한민국 | 0.26 |
| 25 | 미국 | 0.05 | 17 | 일본 | 0.20 |
| 27 | 대한민국 | 0.03 | 57 | 미국 | 0.05 |

출처 : OECD, 2018 Tax Incentive Indicatrors

---

* 헤럴드 경제 인터넷판 2020. 6. 16일자 기사 인용함(한국 법인세율 OECD 22위→9위…'공허한' 리쇼어링)

들이 다시 돌아오려면 무엇보다 '기업하기 좋은 환경'을 조성하는 것이 최우선 과제라는 지적이다. 인건비 상승을 감안한 생산시설의 자동화가 전제되어야 하며 생산거점을 한국으로 옮겼을 때 향상될 생산성과 또한 내수시장은 물론 글로벌 시장에서 〈Made In Korea〉의 가치를 인정받을 수 있는 품목여부가 리쇼어링의 중요한 요소이다. 이러한 부분을 정부가 적극적으로 도와주어야 한다. 앞의 〈표〉를 보면 대기업 기준으로 OECD 국가들 중 연구개발비 세제지원 지수가 대한민국이 최하위라는 것을 알수 있다.

경제협력개발기구(OECD)에 따르면 2020년 기준 우리나라의 법인세 최고세율(지방세분 포함)은 27.5%로 집계됐다. OECD 36개 회원국 가운데 법인세율 상위 9위 수준이다. 한편 기업이 경제활동을 하는 곳과 수익을 거두는 지역이 다른 사례는 최근 들어 두드러진다는 경제협력개발기구(OECD)에 보고서에 따르면 일반적으로 기업을 유치하기 위해 낮은 세율을 적용하는 투자중심지(조세피난처)의 특성을 다국적기업들이 활용한다는 의미로 해석된다. 주요 선진국을 포함한 대부분의 나라들이 일자리 창출을 위해 법인세 인하 경쟁을 펼치고 있는데, 2020년 현재 미국은 35%였던 법인세율을 올해부터 21%로 낮춰 한미간 법인세 최고세율이 역전되었다. 또 영국은 당초 30%였던 법인세율을 지난 10년 동안 19%로 무려 11%p 인하하였고 일본도 30%의 법인세율을 현재 법인세율을 23%까지 낮추어 감세정책을 적극 추진 중에 있다. 이런 감세정책 덕분에 미국, 일본 등의 경우는 국내 기업뿐만 아니라 해외 우수기업들까지도 과감한 투자에 나서면서, 고용창출 효과에 따른 완전고용 상태를 맞고 있다는 것이 전문가들의 분석이다. 실제로 2019년 최근 미국 기업은 연평균 369곳씩 복귀하고 있는데 이 덕에 지난 9년간 늘어난 일자리가 총 34만 7236개에 이른다. 일본이

2019년 3월 20여 년 만에 가장 낮은 2.5%의 완전실업률(계절 조정치)을 기록한 것도 리쇼어링 정책 덕분이란 분석이다. 그 중 대표적인 것이 법인세율이다.

국가별 법인세율 변동추이

(단위 : %)

| 법인세율 | 우리나라 | 미국 | 일본 | 영국 | 핀란드 |
|---|---|---|---|---|---|
| 2010년 | 22 | 35 | 30 | 28 | 26 |
| 2020년 | 25 | 21 | 23.4 | 19 | 20 |

출처 : OECD 국가들의 법인세율(2020)/주민세별도

## 조세피난처와 법인세 회피

경제협력개발기구(OECD)는 조세피난처tax haven를 소득세나 법인세를 부과하지 않거나 15% 이하인 국가와 지역으로 규정하고 있다. 이 밖에 세금 제도의 투명성, 세금 정보 공유, 기업의 실질적인 사업 수행 여부도 고려한다. 이런 기준에 따라 OECD가 조세피난처로 규정한 곳은 36개국이다. 각국이 개별적으로 지정한 조세피난처까지 포함하면 50곳 이상일 것이란 추정이다. 영국 조세정의네트워크(TJN)가 내놓은 2012년 보고서는 2010년 말 기준 최소 21조달러(약 2경4200조원)가 조세피난처에 유입됐다고 분석하고 있다. 조세회피 규모가 세계 총생산(GDP)의 30% 이상을 차지할 것이라는 주장도 있다. 조세피난지역은 택스 파라다이스tax paradise, 택스 셸터tax shelter, 택스 리조트tax resort로 분류하기도 한다. 택스 파라다이스는 조세를 거의 부과하지 않는 나라나 지역을 의미하는데 주로 바하마·버뮤다·케이먼 군도 지역이 여기에 해당한다. 택스 셸터는 외국에서 들여온 소득에 대해서만 과세하지 않거나 극히 낮은 세율을 부과하는 형

태로 홍콩·라이베리아·파나마 등의 지역이 여기에 해당한다. 택스 리조트는 특정 사업 활동이나 기업에 국한하여 세금상의 혜택을 부여하는 형태로 룩셈부르크, 네덜란드, 스위스 등이 이러한 방식을 활용하고 있다.

2017년 12월 5일(현지시간) 유럽연합(EU)는 미국령 사모아, 바베이도스, 그레나다, 괌, 마카오, 마셜제도 등 16개국과 함께 한국을 조세피난처(비협조적 지역)로 선정한 적이 있다. 특히 EU는 "한국의 경제자유구역, 외국인투자지역 등의 외국인투자에 대한 소득세·법인세 감면 세제지원제도가 유해조세제도에 해당한다"는 점을 이유로 제시했다. 이후 한국 정부는 EU가 제기한 문제점을 해명하고 일부 문제는 개선하겠다며 '블랙리스트에서 제외해달라'고 요청하여 EU 경제재무이사회도 이를 채택함으로 한국은 블랙리스트에 오른 지 50일 만에 '오명'을 벗은 사실이 있다.

## 구글의 Double Irish with Dutch Sandwitch 조세회피 전략의 비밀

조세피난처를 이용하여 법인세를 회피하는 사례로는 구글이 유명하다. 구글이 쓰는 조세 회피 기법은 〈더블 아이리시, 더치 샌드위치〉로 알려져 있다. 아일랜드(아이리시)와 네덜란드(더치)를 이용하기 때문에 붙여진 이름이다. 조세회피지역인 버뮤다등에 임원을 몇 명 파견해서 사무실을 차리게 하고 거기서 아일랜드에 구글의 자회사인 구글 아일랜드를 설립하게 한다. 이 구글 아일랜드는 앞으로 전 세계에서 구글이 벌어들이는 돈이 모두 모이게 될 회사이므로 미국 구글 본사는 이 〈구글 아일랜드〉에 미국을 제외한 전세계 영업권과 구글의 핵심적인 지적재산권을 모두 넘긴다.

〈구글 아일랜드〉는 버뮤다에서 모든 업무를 총괄하므로 아일랜드 세법에서는 외국인(비거주자)으로 간주되고 법인세도 버뮤다에 내도록 하지만 버뮤다는 법인세율이 0%이니 결국 세금을 한 푼도 내지 않게 된다. 미국에는 조세피난처대응세법이 있어서 조세피난처의 자회사가 단순히 본사의 로열티 수수를 대행만 하는 경우는 그 수익이 사실상 미국 본사의 수익으로 보고 법인세(2015년 당시 35%)를 부과하기에 번거롭지만 아일랜드에 자회사를 만든 것이다.

그럼 아일랜드 정부는 구글의 이런 조세회피전략 대해 왜 이런 구조를 묵인하는 걸까? 〈구글 아일랜드〉는 아일랜드에 또 다른 자회사#2를 설립해서 2,000명 가량의 직원을 고용하고 전 세계 영업과 로열티 수수를 실제로 담당하게 한다. 이 아일랜드 자회사#2가 벌어들이는 수익의 대부분은 다시 〈구글 아일랜드〉로 대부분 이동하지만 그 과정에서 수많은 고용이 창출되고 약간의 이익에 대한 법인세도 낸다. 이익을 〈구글 아일랜드〉로 다 가져갈 수도 있으나 아일랜드 정부를 달래기 위해 약간의 이익을 남겨놓는다. 그런데 아일랜드 자회사#2가 벌어들이는 로열티를 구글 아일랜드로 보낼 때는 문제가 생긴다. 아일랜드 세법에 외국인(버뮤다에 근거지를 둔 구글 아일랜드)에게 로열티를 송금할 때는 20%의 원천세율로 세금을 떼고 나서 남는 돈만 보내게 되어 있다. 구글은 다시 네덜란드에 페이퍼컴퍼니를 하나 세우고 로열티를 일단 거기로 보냈다가 네덜란드 페이퍼 컴퍼니가 〈구글 아일랜드〉로 송금한다. 아일랜드와 네덜란드는 조세협약이 있어서 네덜란드에 있는 자회사에서 송금받은 로열티는 원천징수를 하지 않는다는 규정이 있기 때문이다. 네덜란드 등 유럽 역내의 거래를 활성화하자는 차원에서 만든 조항이지만, 구글에게는 세법의 구멍으로 활용되었다. 정리하면 구글본사-아일랜드〈자회사#1〉-네덜란드 페이퍼컴퍼니를 거쳐 지적재산권을 위탁받은 아일랜드〈자회사#2〉가 전세계를 대상으로 영업을 한 뒤 돈을 번다. 이 이익금을 로열티 명목으로〈자회사#1〉으로 바로 보냈을 경우 발생하는 원천징수를 회피하기 위하여 네덜란드 페이퍼컴퍼니에 보내고 다시 네덜란드 회사는 아일랜드〈자회사#1〉에 로열티 명목으로 이익금을 보낸다. 아일랜드와 네덜란드 조세협약 때문에 이 과정에서 해외송금에 대한 원천징수 20% 세금은 떼지 않는다.

한편 아일랜드 A사는 수익이 발생하여도 버뮤다의 D사가 지배회사기 때문에 세금을 내지 않는 구조를 완성하게 된다. 구글, 페이스북 같은 플랫폼 기업은 모두 클라우드 방식으로 본사나 거점지역의 데이터센터에서 글로벌로 서비스 하기 때문에 사실상 나머지 나라들의 현지 법인이나 지사는 말그대로 현지 영업 지원 및 로컬리제이션(Localization현지화) 등과같은 보조적인 역할을 한다. 이것은 디지털 플랫폼 사업의 중요 특징이기도 하다. 엄밀히 이야기 하면 현행 국가간 조세관련 법이 이러한 신기술 기업들의 사업모델을 따라가지 못하고 있다고 볼 수도 있다.

## 일본 무역마찰로 만들어진
## 우리나라 소재·부품·장비 산업의 세제혜택

한 · 일간 정치적 이슈에서 파생하는 무역마찰, 코로나19라는 세계적 전염병 확산으로 보다 강화된 보호무역주의 경향에 따른 수출 · 입 쇼크는 향후에도 반복될 가능성이 있으므로, 〈소재 · 부품 · 장비〉의 대외의존도를 낮추기 위한 방안을 적극 모색할 필요가 있다. 이에 정부는 2020년 세제개편시〈소재 · 부품 ·

장비〉 산업의 경쟁력을 강화하기 위해 소부장 중소, 중견기업에 대한 세제혜택을 확대하였는데 크게 세가지이다. 먼저 국내 기업이 해외 소재 · 부품 · 장비 업체를 인수할 때 인수합병(M&A) 비용 가운데 5~10%를 세액공제해 준다. 두 번째는 수요기업이 공동으로 소재 · 부품 · 장비 관련 중소 · 중견기업에 연구 · 인력개발 및 설비투자를 목적으로 공동출자(유상증자)를 하면 출자금액의 5%를 법인세에서 세액공제하여 준다. 세 번째, 해외 인력 유치를 위해 소득세 공제 기간을 현행 3년에서 5년으로 늘렸다. 지금은 첫 3년간 70%였는데, 4~5년차에도 50% 소득공제 혜택을 준다. 이와 관련된 내용을 구체적으로 살펴보기로 한다.

■ **소재 · 부품 · 장비 산업 공동출자에 대한 세액공제(조특법 제13조의3 제1항)**

둘 이상의 내국법인이 2022년 12월 31일까지 투자대상기업의 소재 · 부품 · 장비 관련 연구개발 · 인력개발 · 시설투자를 통하여 투자기업의 제품 생산에 도움을 받기 위한 목적과 투자대상기업이 유상증자하여 주식등을 취득하는 방법으로 소재 · 부품 · 장비 관련 중소기업 · 중견기업의 주식 또는 출자지분을 공동으로 취득하는 경우에는 주식등의 취득가액의 100분의 5에 상당하는 금액을 각 내국법인의 해당 사업연도의 법인세에서 공제한다. 단 투자기업 간, 투자기업과 투자대상기업의 관계가 특수관계인이 아니어야 한다. 세액공제 후 투자대상기업이 유상증자일부터 3년이 되는 날이 속하는 사업연도 종료일까지 투자기업이 납입한 증자대금의 100분의 80에 상당하는 금액 이상을 소재 · 부품 · 장비 관련 연구 · 인력개발등에 지출하지 아니하는 경우에는 해당세액이 추징된다.

■ **소재 · 부품 · 장비 산업 인수합병에 대한 세액공제(조특법 제13조의3 제3항)**

내국법인이 2022년 12월 31일까지 국내 산업 기반, 해외 의존도 등을 고려하여 특정한 소재·부품·장비 관련 외국법인의 주식등을 취득하거나 소재·부품·장비 외국법인의 소재·부품·장비 사업의 양수 또는 사업의 양수에 준하는 자산의 양수를 하는 경우 주식등 취득가액 또는 사업·자산의 양수가액의 100분의 5(중견기업의 경우에는 100분의 7, 중소기업의 경우에는 100분의 10)에 상당하는 금액을 해당 사업연도의 법인세에서 공제한다. 이 경우 인수건별 인수가액이 5천억원을 초과하는 경우 그 초과하는 금액은 없는 것으로 본다. 또한 소재·부품·장비 외국법인의 발행주식총수 또는 출자총액의 100분의 50 이상을 직접 또는 간접적으로 취득하고, 해당 내국법인이 해당 주식등을 취득일이 속하는 사업연도의 종료일까지 보유하여야 한다.

■ **소재·부품·장비 산업 기술 근로자에 대한 소득세 감면 확대(조특법 제18조)**

국내에서 내국인에게 근로를 제공하고 받는 근로소득으로서 그 외국인기술자가 국내에서 최초로 근로를 제공한 날(2021년 12월 31일 이전인 경우만 해당한다)부터 5년이 되는 날이 속하는 달까지 발생한 근로소득에 대해서는 소득세의 100분의 50에 상당하는 세액을 감면한다. 다만, 외국인기술자 중 소재·부품·장비 관련 외국인기술자의 경우에는 국내에서 내국인에게 근로를 제공하고 받는 근로소득으로서 그 외국인기술자가 국내에서 최초로 근로를 제공한 날(2022년 12월 31일 이전인 경우만 해당한다)부터 3년이 되는 날이 속하는 달까지 발생한 근로소득에 대해서는 소득세의 100분의 70에 상당하는 세액을 감면하고, 그 다음 달 1일부터 2년이 되는 날이 속하는 달까지 발생한 근로소득에 대해서는 소득세의 100분의 50에 상당하는 세액을 감면한다. 원천징수의무자가 외국인기술자 소득세가 감면되는 근로소득을 지급할 때에는 「소득세법」 제127조에 따라 징수할 소득세에서 감면하는 세액을 제외한 금액을 원천징수한다.

# 12_
# 기본소득제(UBI)에 대한 찬반논의와 UBI BOX의 필요성

　현대 국가에서 보편적 기본소득제 universal basic income 에 대한 논쟁은 경제분석학적으로는 혼란스럽지만 가치이념적으로는 매우 뜨겁다. 기본소득제는 미래 4차산업의 발달에 따른 노동력 상실(일자리감소)의 대안으로 기존의 복잡한 복지체계의 비효율을 걷어내고 재정개혁과 행정개혁을 통하여 소득과 자산에 관계없이 매월 누구나 받을 수 있는 제도로 설명된다. 기본소득은 인간의 권리로서 최소한의 소득을 보장해야 한다는 18세기 계몽주의 사상가들에게서 뿌리를 찾을 수 있으며 현행 복지제도를 근본적으로 대체한다는 기본전제를 두고 있다.

　UBI(기본소득제)는 종종 권력 재분배에서 게임체인저 game changer 가 되는 것과 관련이 있다. 시스템 차원에서는 사회보호 시스템의 전반을 포괄적이고 진보적으로 설계한다는 전제가 있고 제도의 단순성으로 인하여 무차별이고 포괄성 측면에서는 높은 점수를 받을 수 있기 때문이다. 기존의 수직적 복지에서 수평적 복지로의 전환으로 인한 다양한 정책적 실험(청년기본소득, 농촌기본소득등)

이 보수·진보 진영 모두에게서 시도되고 있다. 복지정책에서 새로운 시대를 예고하고 있는 것이다. 이러한 이유로 기본소득제는 일부 계층만을 위해 복잡하게 혼합된 기존의 사회프로그램 보다 정치적 인기수준이 높은 함의를 가지고 있다.

## 부의 소득세와 기본소득제의 정치적 이슈

미국의 기본소득 도입 논의는 비록 연속성은 없었지만, 역사는 짧지 않다. 노벨경제학상을 받은 미국 경제학자 밀턴 프리드먼Milton Friedman은 지난 1962년 기본소득과 유사한 개념의 '부의 소득세negative income tax' 도입을 주장했다. 부의 소득세는 어느 개인의 소득이 최저생계비 또는 소득공제액에 미치지 못할 때 최저생계비와 실제 소득간의 차액을 정부가 보조하는 세제다. 부의 소득세에서 보조 받는 액수의 크기는 최저생계비 액수, 근로자의 실제소득, 부의 소득세율에 의해 결정된다. 밀턴 프리드만은 '나쁜 시장이 착한 정부보다 낫다'는 얘기를 통해 자유방임주의와 시장제도를 통한 자유로운 경제활동을 주장해 1976년 노벨 경제학상을 받기도 했다.

부의 소득세negative income tax는 비록 '모든 국민에게'는 아니지만 기본소득제의 개념과 비슷하다. 이후 몇 차례 경제학자들에 의해 기본소득이 논의 된 바 있지만 미국을 포함해 국가차원에서 완벽히 실현된 사례는 아직 없다. 1968년 미국 닉슨 대통령은 빈곤 가구에 기본소득을 지급할 목적으로 '가족부조계획Family assistance plan' 법안을 제안한 바 있지만 의회에서 통과하지 못했다. 국가적 차원은 아니지만 미국 알래스카주는 1982년부터 석유 등 천연자원 수출로 번 돈으로 기금을 적립해 운용수익을 모든 주민에게 기본소득으로 배당하고 있다. 초기 1

인당 연 300달러 수준이던 배당금은 2008년 2000달러를 돌파했다.

최근 상황은 어떨까. 국제금융센터에 따르면 최근 미국에서는 진보와 보수를 불문하고 보편적 기본소득을 지급하자는 논의가 일고 있다. 보수진영이 근로의욕(참여형 기본소득)을 고취하는 쪽을 강조한다면 진보진영은 무조건적이고 보편적인 소득보장성에 중점을 두는 편이다.

진보진영은 생산활동의 인공지능화, 로봇화로 인해 일자리가 감소하는 상황에서 기본소득 제도가 빈곤과 소득불평등을 완화할 것이라고 주장한다. '일자리 창출이 최고의 복지'라는 기존의 전제가 사라질 수 있다는 시각이다. 보수진영은 기본소득이 기존의 복잡한 복지체계를 단순·효율화하고 복지사각지대를 해소할 것으로 평가한다. 또한 '기술이 일자리를 앗아갈 것'이라는 가정에는 동의하지 않으며 직업변화에 대응할 수 있는 교육제도와 유연한 노동시장이 답이라는 시각을 가진다.

한편 미국 대선 과정에서도 기본소득의 개념은 '핫이슈'였다. 미국 민주당의 대선 주자였던 버니 샌더스Bernie Sanders 상원의원은 최저임금 인상을 핵심 공약으로 내세웠다. 샌더스는 작년까지만 해도 힐러리 클린턴Hillary Clinton과 도널드 트럼프Donald Trump에 가려져 미국 대선의 조연에 불과한 듯 보였지만 최저임금 인상을 비롯한 진보적인 공약으로 2030세대의 전폭적인 지지를 받으며 '샌더스 열풍'의 주역이 됐다.

## 인공지능발달에 따른 노동가치의 하락
## 미래사회에서 기본소득제의 의미

 2020년 10월 UC버클리 전기공학 및 컴퓨터학과 마이클 조던 교수는 〈글로벌인재포럼 2020〉기조연설에서 "1930년대 앨런 튜링(영국의 수학자·논리학자) 이후 수많은 사람이 인간의 사고방식을 흉내내는 기계를 개발하기 위해 노력했지만 사람의 뇌를 이해하고 흉내낸 기계는 없었고 앞으로도 오랫동안 AI의 위협은 현실로 일어나지 않을 것이므로 AI 로봇이 사람의 일자리를 빼앗을 것이라는 우려에 대해서 선을 그었다. 조던 교수는 "AI의 발달로 사라지는 직업도 있겠지만 새로운 직업도 창출될 것"이라며 AI의 일자리 창출력을 간과해선 안 된다고 일자리 감소에 대해 부정적인 의견을 개진하였다.

 기술 혁신으로 등장한 인공지능과 자동화의 영향으로 사람의 손길이 필요하던 일들이 점차 기계만으로 충분해지면서 노동자의 가치가 낮아지고 이로 인해 실업자가 크게 늘어날 수 있다는 의견과는 다소 반대되는 의견이었다. 그러나 AI 시대에 고부가가치 산업이 소수의 숙련된 엘리트들만을 필요로 하기에 사회적 부적응자의 노동적 가치는 더욱 더 낮아지게 되어 향상된 생산성에 따른 이득은 이 계층에 집중될 것이라는 의견에는 동의하고 있다. 결국 노동력 상실이나 실업보다는 기술력 격차에 따른 소득불평등이 더 심화 될 것이라는데 기본소득제가 논의의 출발선에 서게 된다.

 저자가 생각하기에 기본소득제도는 기존의 수직적 복지제도를 수평적으로 재편하는 새로운 복지제도이다. 기본소득제는 공평한 화폐배분의 개념보다는 미래 기술집약적 산업의 발전에 따른 소득의 기본권 쉐어링sharing이다. 선별적 복지의 혜택을 받지 못하는 사회약자나 저소득층은 사회보장과 급여편익 둘 중에도 해당되지 않는 사각지대에 놓이게 된다. 이들은 언제든지 가장 마지막 단계의 취약계층으로 전락할 수 있다. 지금의 사회복지제도는 부적격자가 허점을 파고들어 부당한 혜택을 취하거나 복지가 정말로 절실한 사람들이 오히려 방치되어 지원을 받지 못하는 문제가 끊이지가 않고 있다. 병약, 조직문화 부적응 등 여러 이유로 노동이 고통스럽고 적성에 맞지 않는 사람들은 룸펜, 백수 등으로 비하되는 등 사회적 비난은 늘 모호하지만 냉정하게 다가간다. 이러한 의미에서 기본소득제의 무조건성과 보편성은 가치이념적으로 우월한 지위를 획득한다.

## 기본소득제의 몇가지 전제 조건들

먼저 기본소득제의 가장 강력한 허들 hurdle 인 재정확보의 문제를 쉽게 생각하거나 도외시하지 말아야 한다. 노동능력이 부족한 사람들의 사회불만이 줄어들지만 노동생활에 충실해온 다수는 조세가 증가하게 된다. 과도한 조세는 민간소비와 투자활동을 위축하는 구축효과 crowding-out effect 를 발생시켜 국가전체의 성장과 효율을 감소시키고 그 피해는 경제의 약자의 몫으로 오히려 전가될 수 있다. 두 번째, 기본소득제도가 사회복지의 집행과 운영의 명료성에서 장점이 있어 사회전체의 효율성이 증가한다는 빌미로 경제적 약자들에게 적용되는 기존의 복지체계보다 더 불리한 결과를 가지고 와서도 안된다. 기본소득제의 궁극적 목적은 소득격차 해소이기 때문이다. 세 번째, 사회복지정책은 현금보다는 서비스와 교육 그리고 돌봄이 훨씬 효과적인 경우가 많으므로 때에 따라서는 전문적인 정책판단이 개입하는 것이 중요할 수 있다. 정책적인 선택과 필요성이 개입하기 어려운 점이 기본소득제도가 가지는 가장 큰 약점으로 비판받고 있음을 견지하고 무조건성과 보편적으로 현금을 지급할 시 발생할 수 있는 부작용에 대한 선행연구가 다양한 각도에서 이루어져야 한다.

우리나라 기본소득지급 규모에 따른 재원소요(GDP 2018년 기준 1893조)

| 기준 | 재정소요 | 주민등록인구 | 월기본소득 |
|---|---|---|---|
| GDP 25% | 473조 | 5182만명 | 76만원 |
| GDP 15% | 284조 | 5182만명 | 45만원 |
| GDP 10% | 189조 | 5182만명 | 30만원 |

출처 : 저자가 작성함

## 기본소득제의 비판 'Seen and Unseen'

기본소득제universal basic income는 사회계약의 불공정과 불평등에 대한 기존의 인식의 반향을 불러일으켜 명확하고 가시적인 방법을 제공하는 것처럼 보인다. 그러나 사회 불평등의 근원지는 교육 및 보건시스템에 대한 불균일한 접근, 저임금 저생산 일자리, 제대로 작동하지 않는 시장, 부패, 퇴행적 세금규정, 불평등한 임금 등의 모순적 현실이다. 기본소득제는 이러한 부분들을 외면하고 싸구려 사회정의 개념을 표현한다는 비판을 받는다(세계은행보고서. 2019). 프랑스 경제학자 프레데릭 바스티야Frédéric Bastiat는 멀리내다 보는 통찰력 없는 복지의 이전welfare transfer정책들은 어떠한 경제분석도 완전한 것이 되지 못하기에 흔히 간과되는 '보이는 것과 보이지 않는 것seen and unseen'이란 개념에서 기본소득제와 같은 정책들이 즉각적이고도 눈에 보이는 효과만으로 판단되어서는 안 된다는 점을 강조한다. 어떤 이전정책transfer policy이 집행될 때 경제의 한 부문으로부터 더 빈곤한 부문으로 돈이 이전하는 것은 눈에 보이는 부분이나 경제의 생산적 부문으로부터 돈이 빠져 나간 점은 눈에 보이지 않는 부분이다. 정상적 상황이었다면 바로 이 돈은 사업 확장에 또 노동자의 생산을 더 늘리고 노동자의 소득을 더 높여 주었을 다른 모험적 사업들에 투입되었을 것이다. 이와 같이 프레데릭 바스티야는 빈곤 극복을 위한 최선의 프로그램은 생산성 확대를 통한 자본축적이 우선시 되어야 한다는 시각을 견지한다.

브루킹스 연구소의 경제학자 경제학자 개리 버틀리스Gary Burtless는 〈소득이 보장됨에 대한 노동 대응 : 실험적 증거의 조사〉라는 연구에서 일반적으로 경제성장에 관한 모든 논의는 노동자의 생산성의 확대로부터 시작하여 노동자의 생산성의 확대로 끝나며 기본소득제는 노동자의 생산성의 확대라는 기본가치에 전적으로 해로운 것임을 보고서를 통해 설명한다. 이 보고서에서 버틀리스는 제약이 없는 정상적 상황에서 기업들은 노동자의 생산성 제고를 끊임없이 추구하는데 그것은 실제로 노동을 하러 나온 개인들에게 이득이 된다. 그러나 기본소득제가 실시되는 상황에서는 그 비용을 대느라 고용주들은 자본 축적을 증진하고 노동자의 생산성을 높이는데 투입될 자원을 박탈당하게 된다.

따라서 기본소득이라는 정부 보조금을 받는 잠재적 노동자들이 얻는 혜택은 생산성이 더 높아질 수 있는 기회를 상실한 다른 실제의 노동자들의 희생 하에서 나타난 것이며 후자의 노동자들은 기본소득제가 실시되지 않았더라면 얻을 수 있었던 임금보다 더 낮은 임금을 받기 때문에 부rich를 탈취해 가는 이러한 효과를 가지고 오게 된다. 결국 사회는 전반적으로 더 빈곤해 진다며 기본소득제를 비판하고 있다. 자유시장주의 경제학자인 프리드먼Milton Friedman은 모든 정책은 일단 정부 사업으로 채택되면 사라지지 않고 계속 지속되는 나쁜 경향이 있음을 지적하고 있다. 결국 기본소득제는 그저 정부재정적자를 더 팽창하고 사회의 생산적 부문으로부터 자원을 빼 내는 결과를 가져 올 것이라고 개리 버틀리스와 동일한 의견을 개진하고 있다.

## 기본소득제 UBI BOX의 필요성, "UBI Number 9입니다"

국가재정의 함수는 성장development이다. 재정이 충분하다면 인간의 기본권을 보장하기 위한 기본소득제를 도입하는데 어려움이 없다. 기본소득제의 재정은 경제적 충격을 주지 않는 한도내의 간접세 확대, 비효율적인 세제지원의 개선, 보편적인 세금부담의 논의(근로소득자 면제자 : 2019년 기준 40%), 투명한 재정개혁과 행정개혁등을 통하여 정당화 될 수 있다. 기본소득제도는 본래의 가치관적 함의보다 기본소득제를 구현하기 위한 재정개혁과 행정개혁을 이끌어내고 이를 통한 새로운 성장국가 · 복지국가 모델을 만들어가는 것에 더 큰 함의를 가지도록 하여야 한다.

기본소득제의 궁극적인 목적은 일부계층의 선별적 복지보다는 무조건성과 무차별성을 기반으로 보편적 자유에 대한 가치를 두고 있다. 그러나 특정계층의 증세와 경제의 근간이 되는 경제주체의 공유자산화는 오히려 특정계층 또는 중위계층의 보편적 자유를 침해하는 결과를 가지고와서 기본소득제의 정신을 위배하는 오류가 발생한다. 누군가가 받는 무상복지급여는 누군가가 땀흘려 일한 소득의 감소나 희생으로 이어진다는 충액주의 생각을 가지고 있어야 한다. 이러한 이유로 기본소득제 도입 시 인간 공동사회에 어떻게 더 긍정적으로 미칠수 있는지에 대한 충분히 검토와 정책적 실험이 전제가 되어야 한다.

  저자의 생각은 기본소득제의 개념을 실행할 때 보편성과 무조건성에 너무 매몰할 필요는 없다라고 본다. 기본소득의 개념을 확장해보면 현재의 선별적 복지나 부의소득세negative income tax제도도 기본소득의 범주에 해당이 되기 때문이다. 기본소득제는 기존의 선별적 복지에 대한 피로감과 불투명성에 대한 정책적 대안이다. 저자는 여전히 기본소득제를 수평적 복지라고 주장한다. 기본소득제를 수평적 복지의 범주로 간주한다면 다양한 계층에 일부 적용해볼 수 있다라고 생각한다. 청년기본소득, 농촌기본소득등 실험은 전형적인 수평적 복지의 범주이다. 반드시 복지의 범주가 일시에 모든 국민에게 적용되어야 한다는 것은 궁극적인 목적만으로도 충분하다.

  한편 기본소득제가 도입이 된다면 수직적 복지와 수평적 복지가 교차하는 지점의 범주는 중복성이 제거되어야 한다. 수직적 복지와 수평적 복지의 교차점을 발견하고 중복성을 제거하기 위해서는 기본소득의 지급체계를 유형별 박스로 대처하는 방법도 차선의 방안이 될 수 있다. 기존의 복잡한 복지체계를 전면 재조정하여 복지성격에 따라 〈UBI BOX〉로 재분류하고, 노동유인효과와 재원의 확보범위, 미래 기술시대의 실업율에 따라 UBI 넘버링(예를들어 UBI #1, UBI#2, UBI#3등)을 통하여 세세 구분하여 점진적이거나 범주로 운영해보는 것이다. 〈UBI BOX〉의 넘버링을 통하여 정책적 목적에 따라 노동참여적이거나 선별적 기본소득제도를 선명하게 구분하여 운용해 볼수 도 있다. 나는 현재 일을 할수 없지만 청년기본소득을 받는 "UBI Number 9입니다"라는 시대가 올 수도 있다는 것이다. 미래사회는 누구도 예단할 수 없기에 기본소득제의 큰 틀속에서 기존의 복잡하고 상호 절연되어 있는 복지체계와 비효율적인 복지재정의 운영의 개선 측면에서 기본소득을 연구해보는 것에 의미가 있다.

기존의 복지국가의 분류체계와 기본소득세

| 분류 | 형태 | 해당국가 |
|---|---|---|
| 자유주의 | • 저부담 저복지 혜택<br>• 노동 대신 복지를 선택하지 않게 하는 범위 이내에서 복지정책시행 | 미국, 캐나다, 호주 |
| 조합주의 | • 중부담 중복지 혜택<br>• 교회의 전통에서 나온 정책으로 전통적 가족체계 유지가 중요한 목적이어서 비노동력에는 복지지원이 인색함 | 오스트리아, 프랑스, 독일, 이탈리아 |
| 사회민주주의 | • 고부담 고복지 혜택<br>• 모든 계층이 가장 높은 수준으로 평등한 삶의 질 유지가 목적<br>• 시장의 복지체계 기능을 대체함 | 덴마크, 스웨덴, 노르웨이 |
| 기본소득제도 | • 인공지능발달에 따른 기술격차와 소득격차 발생<br>• 기존의 수직적 복지의 한계를 수평적 복지로 보완 대체<br>• 정부재정개혁과 행정개혁 출발점<br>• 생태적 지구공동체 발상 | 다양한 국가에서 정책적 실험 중(핀란드 등) |

출처 : 강성진교수, 라이브경제학 (2020) 참고하여 기본소득제를 저자가 추가함

## 우리나라 근로장려금(부의 소득세)의 현황과 문제점

근로장려금earned income tax credit은 빈곤층 근로자 가구에 대해 국가가 현금을 지원해 주는 근로연계형 소득지원제도이다. 이는 경제 양극화로 인해 증가하고 있는 근로빈곤층이 빈곤에서 벗어날 수 있도록 지원하고 국민 기초생활보장제도의 혜택을 받지 못하거나 질병·실직 등 사회적 위험에 노출된 이들을 국가적 차원에서 사회적으로 보호하는 역할을 한다. 우리나라 근로장려금은 소득과 재산이 일정 금액 미만인 가구를 대상으로 일하는 만큼 장려금을 지급하는 제도이다. 최저임금은 원래 19세기말과 20세기초 섬유·의류·제지 공장 등 저소득 근로자들이 대거 몰린 사업장에서 취약 계층을 보호하고 아동노동 착취를 방지한다는 차원에서 시작됐다. 그러나 다수 경제학자들은 이를 시장에 대한 개입으로 해석한다. 경쟁시장에서 최저임금을 올리면 고용이 줄어든다는 것이다. 최저임금을 '일자리 킬러job killer'라고까지 부른다. 미국 내에서 최저임금 관련 연구 분야에서 가장 권위를 인정받는 데이비드 뉴마크 UC어바인 경제학과 교수는 "최저임금 인상이 고용에 부정적인 영향을 끼친다는 연구는 그동안 숱하게 나왔다. 가난한 사람을 위해서 최저임금을 인상하겠다고 주장하는 건 자유인데 문제는 고용효과가 별로 없다는 점이다"라고 강조하고 있다.

고용시장에서 저소득층 가구가 갖는 가장 큰 고민은 아예 직업이 없다는 점이지 최저임금이 아니다. 최저임금보다는 근로장려세제(EITC) 처럼 세제 혜택이 효과적이라는 주장이 있다. 근로장려세는 최저임금처럼 실제 누가 혜택을 보는가가 불분명한 제도보다는 대상이 명확하다. 정말 지원이 필요한 가구에게 세금으로 지원하는 것이다. 근로장려세제 혜택을 받으려면 일자리가 있어야 하기 때문에 구직 의욕을 촉진시키는 노동유인 효과가 있다.

### 근로장려금 연도별 지급현황

(단위 : 조)

| 지급연도 | 2015 | 2016 | 2017 | 2018 | 2019 |
|---|---|---|---|---|---|
| 지급가구 | 236만 | 238만 | 272만 | 273만 | 473만 |
| 지급금액 | 1.7조 | 1.6조 | 1.7조 | 1.8조 | 5조 |

출처 : 국세청 통계자료를 참고하여 재작성함

다른 측면에서 근로장려금제도의 문제점도 있다. 첫째, 최저임금 이상을 받을 경우 지급되지 않는다. 이 정책의 목표가 빈곤층의 소득지원이 아니라 빈곤층을 근로활동으로 유인하는데 있기 때문이다. 결국 기초생활수급자의 소득수준부터 최저임금 소득수준 사이에 있는 사람들을 취업시장으로 유인하는 효과는 있지만 노동빈곤의 문제를 해결하지는 못한다. 둘째, 개별 노동자에게는 당장 도움이 되겠지만, 장기적으로는 노동시장의 저임금구조를 고착시킨다. 정부에서 임금을 보조해주니까 사용주 입장에서는 그 차액만큼 적은 임금시장이 형성되어 임금 깎기경쟁을 벌이는 노동시장이 형성되기 때문이다.

## 매년 EITC 신청자 중 20% 거짓 소득 신고로 탈락

EITC는 근로자는 물론 자영업자(전문직 제외)가 있는 가구가 일을 해도 소득이 적을 경우 최대 연 300만원(올해까지 250만원)까지 세금을 환급해 주는 현금성 복지 제도다. 제도가 확대되는 내년 기준으로 배우자와 가족이 없는 단독

가구는 연소득 2000만원, 배우자나 부양가족이 있지만 혼자 버는 홑벌이 가구는 연소득 3000만원, 맞벌이 가구는 연소득 3600만원 미만이면 근로장려금을 받을 수 있다. 국세청의 국세통계연보에 따르면 EITC 시행 후 매년 신청자의 약 20%가 탈락했다. 부양 가족 기준에 대해 거짓 신고를 하거나 소득을 과소 신고하는 사유이다. 이처럼 EITC 부정 수급 문제가 대두되는 이유는 매년 대상자가 스스로 국세청이나 관할 세무서에 소득을 직접 신고하는 구조이기 때문이다. 국세청이 검증을 통해 장려금을 지급하지만 문제는 검증망에 걸리지 않는 부정 수급자이다. 대상자는 실제 소득이 국세청에 신고된 것과 일치 하지 않으면 재산 현황, 통장 사본, 일용근로내역서, 사업소득 지급 확인서 등으로 소득을 증명할 수 있기 때문이다.

　이외에도 자영업자의 경우에는 사업소득을 감추기 쉽기 때문에 국세청 검증 과정에서 문제가 되는 경우가 많다. 한편 근로소득과 사업소득 외 재산도 2억원 미만(올해까지는 1억 4000만원 미만)이어야 근로장려금을 받을 수 있는데 주택, 토지, 전세금(임차보증금), 금융 재산 신고를 누락하는 경우도 상당하다. EITC는 사업주가 아닌 정부가 저소득층에 재정을 투입하는 것이기 때문에 최저임금 인상보다 고용 시장에 미치는 부작용이 적고 영세 자영업자도 지원할 수 있다는 장점이 있다. 그러나 지난 2009년부터 시행된 EITC는 부정 수급 문제가 계속 단점으로 꼽혀왔다. EITC 제도가 잘 정착된 미국도 신청자의 30%가 부정 수급자로 밝혀져 골머리를 앓고 있는 것이 현실이다.

# 13_
## 인공지능 및 자동화의 발전과 노동 가치의 하락 그리고 로봇세

'스탠리 큐브릭' 감독이 1968년에 만든 〈2001 : 스페이스 오디세이〉라는 고전영화에 'HAL 9000'이라는 로봇이 등장하는데 이 로봇이 임무를 완수해야 한다는 절대 명제와 사람의 결정에 따라야만 한다는 절대 명제 사이에서 논리적인 충돌을 일으키게 된다. 결국 임무를 중지시키려는 인간의 명령을 아예 삭제하기 위하여 우주선에 탑승한 승무원을 한 명씩 살해하는 장면이 나온다. 이런 현실이 두려웠던 것일까? 2017년 유럽연합(EU) 의회는 첫째, 로봇은 인간에게 위해를 가해서는 안 된다. 둘째, 로봇은 인간의 명령에 절대 복종해야 한다. 셋째, 1, 2 법칙에 위배되지 않는 한 로봇은 자신을 보호해야 한다는 이 법칙을 담은 〈로봇민법 결의안〉을 통과시키고 AI · 자율 주행 자동차 · 드론 · 돌봄용 로봇 등의 연구 윤리와 권리를 선언하고 AI 로봇을 '전자인간'으로 인정하였다. 우리가 어렸을 때 보았던 로봇 태권브이 · 마징가 Z · 전자인간 337 마루치 아라치가 현실화 되고 있는 것이다.

## 전자인간의 혁신과
## 노동인간의 실업 그리고 소득의 양극화

로봇은 이미 구축된 지식을 강화학습reinforcement learning하고 업데이트 되는 신경망을 통하여 20년 이내 인간의 체력과 지적능력을 뛰어넘어 가장 효율적인 로봇 노동자로 인간노동을 대체할 가능성이 높아 보인다. 로봇 도입을 통한 기술진보는 노동절약적 생산방식의 확산을 통해 기업의 비용 감소, 생산성 및 수익성을 증가시키는 긍정적인 효과를 가지고 오지만 상품과 용역서비스 생산의 주역이 고도로 판단기능을 가진 로봇의 대체화 현상으로 인간의 실업을 동시에 증가시키게 된다.

기업은 지속적으로 증가하는 인건비용과 노조와 같은 노동공급의 스트레스로 인하여 예측가능하고 효율적인 로봇을 고용하게 될 가능성이 매우 크다. 고도의 기술력을 가진 자본이 노동력을 효과적으로 빠르게 대체함에 따라 기술력을 보유하고 있는 전문직 노동자는 전자인간electronic personhood과 동업을 통하여 노동력만을 생산수단으로 보유하고 있는 비전문직 노동자와의 소득 불평등을 심화시킬 것이다. 결과적으로 비전문직 노동자의 실업에 대한 소득격차의 복지체계 안전망을 위하여 전자인간에 대한 과세의 필요성이 대두되고 있다.

## 로봇(전자인간)에 대한
## 과세방안과 법인격부여에 대한 논의

Abbot & Bogenschneider(2018)은 먼저 근로자의 해고수준 즉 자동화의

정도에 대한 임계점을 정해놓고 이러한 임계점을 초과하는 경우 감가상각이라든가 세액공제등의 혜택을 축소시키거나 폐지하는 자동화세automation tax와 로봇이 대체한 인력의 고용에 들었을 비용과 사회보장 부담금등에 해당하는 액수만큼을 귀속소득으로 보고 로봇의 소유자나 사용자에게 같은 소득에 상응하는 자기고용세self-employment를 과세할 수 있다고 주장하고 있다. 이러한 주장은 인간우위 시대의 〈1단계 로봇세〉의 개념 정도이다. 조세지원방식을 통하여 자본과 노동에 대한 상대적인 세부담 차이를 축소 또는 반전시키는 것이라고 볼 수 있다. 하지만 이러한 주장은 생산성 향상과 혁신을 저해하기 때문에 적절치 않다고 보는 견해가 우세하다.

한편 Oberson(2017)은 로봇에 인격을 부여하여 로봇의 귀속소득에 대한 직접적으로 과세를 할 수 있다고 제안한다. 기술발전에 따른 로봇의 납세능력을 인정하자는 것이므로 〈2단계 로봇세〉의 개념이다. 이러한 주장은 로봇을 단순히 생산성 향상 설비로 보는 단계를 넘어서 로봇세를 부과하기 위한 로봇의 새로운 정의가 필요한 부분이기도 하다. 'EU 결의문(2017)'에서 로봇은 충분한 자율성을 가지고 상호반응이 가능하며 자가 학습능력을 보유하여 독자적인 판단과 결정을 내릴 수 있는 기계라고 정의하고 있다. 어떤 실체에 법인격을 부여하는 것은 상법상 회사와 같이 새로운 개념은 아니기에 로봇에 '전자인격'을 부여할 것을 제안하고 있다. 어떤 주체에게 정해진 권리와 책임이 있다는 의미를 법적으로 표현한 것이 인격이기에 결국 로봇은 법인격을 부여를 통하여 법인이나 개인과 같이 동일한 담세력과 세금납부의 수용능력capacity to pay을 가진다고 보아야 한다는 것이다. 미래를 예측하는 것은 오차가 큰 작업이지만 로봇의 법인격부여 방식으로 인한 과세체계는 최근의 기술발전 속도를 감속시키지 않으면서 새로운 세원의 발굴로 소득의 불평등을 해소할 수 있다는 장점이 있다.

## Reference

- Abbot & Bogenschneider, "Should Robots Pay Taxes? Tax Policy in the Age of Automation", Harvard Law & Policy Review, Vol. 12, 2018.

- Oberson, Xavier, "Taxing Robots? From the Emergence of Electronic Ability to pay to a tax on Robots, "World Tax Journal, May 2017.

# 14_
# 기후변화와 탄소세 그리고 조세저항

영국 옥스퍼드 영어사전은 2019년 올해의 단어로 '기후 비상climate emergency'을 선정했다. 옥스퍼드는 이 단어를 "기후 변화로 인한 잠재적이고 되돌릴 수 없는 환경피해를 피하기 위해 더 긴급한 행동이 필요한 상황"으로 정의하고 있다. 한편 국제통화기금(IMF)은 2019년 10월 10일 지구 온난화에 대처하기 위한 방안으로 2030년까지 톤당 75달러의 탄소세를 매기자는 파격적인 주장을 내놨다. 이는 현재 탄소세를 도입한 50개국의 평균인 톤당 2달러의 약 37배에 해당하는 수준이다. IMF는 현재 탄소세 수준은 기후변화를 방지하기에는 턱없이 낮다고 지적하며 지구 온난화는 명백하고 현실적인 위협이므로 온실가스를 빠르게 감축해야 한다고 주장하고 있다.

유엔 환경프로그램(UNEP)이 11월 26일 세계 각국의 2030년 온실가스 감축 목표와 실제 이행 현황을 비교·분석해 발표한 '배출량 격차 보고서(EGR)'에 따르면 2019년 한국은 인구 1인당 탄소 배출량이 12.4톤으로 사우디아라비아 미국 캐나다에 이어 세계 4위이고 온실가스 배출 총량에서도 중국 미국 유럽연합(EU) 인도 등에 이어 세계 7위 수준이다. 2017년 11월 유럽 기후행동네트워크(CAN)가 발표한 '기후변화 대응지수 2018'에서 60개국 중 58위로 최하위에 머물렀다. 기후 관련 국제 협력체인 '기후 투명성Climate Transparency'의 〈브라운 투 그린 보고서〉에 따르면 한국의 온실가스 배출량은 1990년에서 2015년 사이 두 배 이상으로 증가했다고 밝혔다. 전 세계가 우리나라 수준으로 기후변화에 대응하면 금세기 말에 지구 평균 기온이 3~4℃ 상승할 것으로 예측했다.

기후변화는 실체를 가진 위협이며 우리 가까이에 있다. 다양한 통계에서 드러나듯 우리나라는 온실가스를 제대로 감축하지 못하고 있으며 온실가스 감축정책에서는 국제사회의 대표적인 지진아다. 그럼에도 우리나라는 정치적 이유로 배출권거래제를 선호하고 있다. 탄소세가 '세금'이라는 이유로 국민들의 저항을 받을 수 있기 때문이다. 세계기상기구(WMO)가 9월 23일 뉴욕에서 열린 유

**환경세 기준과 종류**

| 세목 | 기준 | 종류 |
|---|---|---|
| 직접환경세 | • 오염배출의 측정된 양에 따라 오염원에 직접 부과되는 조세 | 배출세 |
| 간접환경세 | • 생산이나 소비가 환경오염을 일으키는 상품이나 서비스에 부과되는 일종의 간접세로 흔히 오염의 배출을 측정하거나 감시하는 것을 필요로 하는 간접적인 환경세제 | 탄소세<br>유황세 |
| 목적환경세 | • 오염배출을 경감시키는 인센티브를 제공하기 위한 수단으로 보다는 특정한 환경보호를 위한 공공지출의 재원을 조달하기위한 수단으로서의 목적세 | 석유세<br>유화학물질세 |

출처 : 한국지방자치연구원, 제13권 통권제34호 113면 참고하여 작성함

엔 기후행동 정상 회의에 맞춰 발표한 〈2015~2019 지구 기후 보고서〉에 따르면 최근 5년은 역사상 가장 더웠다. 실제로 베트남이나 방글라데시와 같은 저지대 국가들은 해수면 상승으로 국토의 상당부분이 침수 될 위험에 처해 있다. 세계 각국 정부는 온실가스 감축을 위해 다양한 정책을 시행하거나 구상하고 있으며, 그 중심에 배출권거래제와 탄소세가 있다.

## 배출권거래제의 부작용

우리나라는 온실가스 감축을 위해 2012년 「온실가스 배출권의 할당 및 거래에 관한 법률」을 제정했고, 이 법에 따라 2015년부터 배출권거래제를 도입해 시행하고 있다. 배출권거래제란 대규모 온실가스 배출사업장이 정부로부터 온실가스 배출허용량을 할당 받아 그 범위 내에서 감축하되 초과 배출이나 감축이 있으면 시장에서 배출권을 구매 또는 판매할 수 있도록 허용해 주는 제도다. 정부가 재정적인 수익을 창출하지 못하는 비수익창출 도구 방식non-revenue-raisinginstrument의 대표적인 정책 수단으로는 무상분배를 통한 거래제이다. 배출사업장마다 온실가스를 감축하는 데 드는 비용은 모두 다르기 때문에 다양한 한계감축비용이 발생하게 되고 감축 수단의 도입 여부도 기업마다 차이가 발생한다. 그러므로 업체들은 각자 다른 온실가스 감축비용을 배출권 거래시장을 통해 효과적으로 절약할 수 있고 배출량에 따라 사업장이 지불해야 하는 비용이 높아지므로 오염방지 기술의 개발을 촉진하는 장점을 지닌다.

하지만 배출권거래제는 감시 및 행정비용과 거래비용이 커질 수 있다는 지적도 받는다. 직접규제수단에 비해 정교한 배출 측정방식이 필요하며 거래자의 탐

색과 거래승인 등에 따른 거래비용이 발생한다. 또한 시장의 불확실성에 따른 위험비용이 발생할 수 있다. 독과점·불완전 정보 등에 따른 배출권 가격의 불안정성과 정산에 따른 시장의 불안정성은 경제주체에게 혼돈을 야기할 수 있다. 또한 배출권거래제는 자칫 환경위험에 있어서의 불평등을 초래하거나 이미 존재하는 불평등을 더욱 악화할 수 있다. 즉 배출권거래에 따라 환경오염의 증가가 경제적으로 약한 지역에 집중돼 가뜩이나 환경오염이 심한 지역이 환경위험에 더욱 노출될 수 있다는 것이다. 경제력이 약한 오염원은 오염배출량 저감에 상대적으로 높은 한계비용이 소요되므로 새로운 기술을 도입해 실제 배출량을 감소하는 대신에 타 오염원으로부터 배출권을 구매해 오염배출을 계속할 가능성이 많다. 경제력이 약한 오염원은 보통 경제·정치·정보력이 약한 소외계층이 거주하는 지역에 많이 위치하므로, 이는 이들 소외계층의 환경오염에 대한 노출을 더욱 심화시킬 수 있다.

## 탄소세의 장점과 재정수입의 정책적 효과

정부에게 수익을 창출하는 수익창출 도구 방식 revenue-raising instrument인 탄소세 정책은 오염물질을 배출하는 화석연료에 포함된 탄소의 함유량에 비례하여 조세를 부과하는 방식이다. 오염물질 배출에 대한 부정적 외부효과의 내재화 수단인 탄소세 정책은 정부에게 세수의 확보를 가져와 국가의 다양한 정책, 즉 각종 녹색 사업의 재원이나 환경보호를 위한 투자 혹은 다양한 기후변화의 대책의 재원으로 사용될 수 있다. 결국 탄소세 정책은 탄소세를 통해 얻은 세수입을 정부가 재분배 하는 방식이기 때문에 집단들은 로비를 통한 경쟁을 통해 자신에게 유리한 방향으로 세수입의 정책적 효과를 얻으려 하게 된다. 예를 들어, 일본은 온실가스 저감을 통한 지구온난화 방지에 대한 재원을 마련하기 위해 탄소세를 사용하고 있지만 이와 반대로 독일(german green taxreform), 스웨덴(swedish tax reform) 등은 탄소세를 통해 얻은 정부의 세수입을 사회보장 기여금의 부담을 줄이거나 근로소득세, 법인세 등을 인하하는데 사용하고 있다 (김승래, 2010). 탄소세는 환경세의 일종으로 온실가스를 배출하는 석유나 석탄 등의 각종 화석연료 사용량에 따라 부과하는 세금이다. 이는 화석연료의 가격을 높여 소비를 감소시킴으로써 온실가스의 배출량을 감축시키는 직접적 효과를 보인다. 업체로 하여금 온실가스 배출량을 저감하고 억제할 수 있는 기술을 개발하도록 유인책을 제공한다.

실제로 IMF는 기후변화에 가장 강력하고 효과적인 정책수단으로 탄소세를 꼽았다. 1990년 핀란드에서 처음 도입된 탄소세는 이후 스웨덴과 덴마크 독일 스위스 등으로 확산됐다. 현재 50개국이 탄소세를 도입하면서 온실가스를 줄이는 데 성공한 사례도 생겼다. 성공 사례로 손꼽히는 스웨덴은 1991년 탄소세를 도입해 1990년부터 2017년 동안 온실가스 배출을 26% 줄이면서도 78%의 경제성장을 이뤄냈다. 여러 연구에서도 탄소세는 기후변화의 가장 효과적인 대책으로 평가된다. 미국 컬럼비아대학교 글로벌에너지 정책센터는 미국이 2020년부터 탄소 배출 1톤당 세금 50달러를 매기고 매년 2%씩 인상하면 2025년에는 2005년에 비해 탄소 배출량을 최대 46%까지 줄일 수 있다고 전망했다. 가격이 유동적인 배출권거래제에 비해 탄소세는 안정성을 보장할 수 있다는 점에서 다르다. 탄소세는 온실가스를 배출하는 화석연료에 세금을 부과하는 방식이기 때문에 그 비용이 세율 이상으로 증가하지 않는다. 이에 배출원이 화석연료의 가격을 예측할 수 있어 화석연료 소비에 영향을 미치게 되고 이를 통해 온실가스 배출량을 효과적으로 줄일 수 있다.

## 탄소세의 해외도입사례*

### ■ 핀란드

핀란드는 1990년 1월 화석연료의 탄소함량에 따라 부과되는 탄소세를 세계 최초로 도입한 국가이다. 핀란드 탄소세 도입은 이산화탄소의 배출억제와 앞서 추진된 소득세 감면에 따른 소득세수의 결손을 보전하려는 두 가지 측면에서 도입되었으며 탄소세 도입에 따른 세입은 부분적으로 소득세를 인하하고 노동비용을 낮추는데 이용되어 친환경적인 세제개편의 전형으로 평가된다. 핀란드 탄소세의 특징은 산업에 대한 조세감면이나 환급제도가 없거나 매우 낮다는 점을 들 수 있으며 탄소세수는 일반예산으로 흡수되고 있다. 또한 탄소세의 도입으로 1998년 이산화탄소의 배출량은 1990년 대비 400톤 이상 저감되어 도입당시의 예측치 7%의 감축효과를 가져온 것으로 조사되었다. 도입 초기의 탄소세는 모든 화석연료에 적용되었으며 면세 혹은 감세의 대상이 극히 제한적이었다. 핀란드는 1994년부터 1996년까지 조세개혁을 통해 에너지 탄소세율의 과세표준을 탄소와 에너지의 함유량에 근거하도록 하여 탄소세는 75%, 나머지는 25%는 에너지세로 부과하였다. 1997년부터는 에너지세는 없이 탄소세를 100%부과하고 있다.

---

* 김영오, 2011 저탄소 녹색성장의 비전과 전략, 한국지방연구원, 제13권.

■ 스웨덴

　스웨덴은 최초로 소득세에서 에너지 및 환경오염세로의 조세체계로 전환을 시도한 국가이며 1988년 환경세의 개혁을 일으켰다. 그 후 1991년 의회를 통하여 처음으로 탄소세·유황세 및 질소세를 도입하여 환경개선을 가져왔으며 이로 인하여 발생한 세수를 이용하여 소득세의 한계세수를 인하하여 고용증진효과를 가져왔다. 탄소세는 지구온난화 같은 지구적인 환경개선을 위한 세금이며 유황세는 산성비와 같은 국지적인 환경문제를 개선하기 위한 세금이라는 사실이 특징이다. 한편 탄소세와 유황세의 과세표준은 각각 이산화탄소나 유황의 배출량또는 함유량에 따라 결정되는데 도입 초기의 탄소세 세율은 다른 국가들에 비해 비교적 높은 편이며 과세대상도 중유나 석탄등 광범위한 화학연료를 대상으로 하여 이산화탄소배출 저감에 큰 효과를 가져 온 것으로 평가되었다. 그러나 스웨덴은 1993년 제조업 및 사업적 농업에대한 $CO_2$세는 전반적인 수준의 25%로 감축하고 제조업 및 상업적원 예업에 대해서는 원료 및 전력에 대한 에너지세를 폐지하는 새로운 에너지 탄소세제를 도입하게 된다.

■ 덴마크

　덴마크의 에너지관련 세제는 에너지세 유황세 탄소세로 구성되는데 탄소세의 경우 1990년 '에너지2000'이라는 보고서를 계기로 1992년 에너지 소비감소와 이산화탄소 저감을 목표로 도입되었으며 휘발유 천연가스 바이오연료를 제외한 모든 유형의 $CO_2$ 배출원에 탄소세가 부과되었다. 탄소세는 1992년 산업용 연료를 제외한 가정 및 공공부문에서 소비되는 에너지원에 대하여 탄소1톤당 100DKK(덴마크크로네)가 부과되었으며 1993년 부가가치세 등록기업에서 사용되는 에너지에 대하여 탄소톤당 50DKK(덴마크크로네)의 탄소세가 부과되는 등 환경세의 적용분야가 매우 광범위한 것으로 평가되고 있다. 에너지는 탄소세에 비해 좀 더 차등화되어 있는데 각각의 에너지 제품과 사용용도 및 사용량에 대해 차별화된 세율이 적용되었고 전기발전용연료 사용에 대해서는 세금이 면제되었다. 덴마크는 모든 형태의 에너지원에 일반소비세인 부가가치세를 부과하고 있으며 1992년부터 지금까지 적용되는 부가가치세는 25%이며 산업 및 전력발전에 사용되는 에너지원과 상업용 수송용 경유에 부과되는 부가가치세는 환급되고 있다. 덴마크의 에너지관련 세제의 특징은 목적세가 없으며 에너지를 효율적으로 사용하는 기업에는 환급을 해주거나 보통 일반회계에 편입되어 근로소득세를 감면시키는데 사용하고 있다. 또한 경쟁력 유지를 위해 산업 및 무역부문에서 사용되는 에너지에 대해서는 면세대상을 확대하거나 환급을 해주는 등 각종조세지원을 제공하여 산업경쟁력의 약화를 예방하고 있다.

## 서민 호주머니 터는 탄소세의 부작용과 역진성

탄소세는 종종 국민들의 반대에 부딪히기도 한다. 지난해부터 시작된 프랑스의 노란 조끼 시위가 바로 그 사례다. 지난 2014년 탄소세를 도입한 프랑스는 지난해 탄소세 인상을 앞두고 벌어진 시위로 인상안을 철회하기에 이르렀다. 탄소세의 적용 범위 때문이다. 호주는 탄소세를 도입했다가 폐지한 최초의 국가가 됐다. 앞서 2012년 호주는 500대 탄소 배출 대기업에 1톤마다 일정액의 탄소세를 내도록 했지만 대기업들이 세금 증가분을 소비자 가격에 반영하면서 국민부담이 늘었다는 이유로 반발이 심해지자 탄소세를 폐지했다.

캐나다 온타리오주는 연방 탄소세에 반기를 들며 소송을 제기했다. 서민들의 주머니와 직결된다는 입장이다. 캐롤라인 멀로니 온타리오주 법무장관은 연방 정부의 환경세에 대해 "지역 가정의 주머니에서 돈을 빼내고 일자리 창출도 더욱 어려워질 것"이라고 주장했다. 배출권거래제는 대규모 온실가스 배출원인 몇몇의 대기업에게만 제한적으로 적용되지만 탄소세는 배출원의 규모를 떠나 일정한 세율에 따라 공평하게 과세되기 때문이다. 부유한 사람들뿐만 아니라 가난한 서민이나 작은 업체에도 똑같이 부과하기 때문에 부담이 된다는 것이다. 저소득층의 경우 소득에서 연료비가 차지하는 비중이 높을 것으로 예상되므로 사회적 외부비용을 발생시키는 제품(화석연료)에 대한 역진세적 성격을 갖게 된다. 또한 탄소세는 연료 공급자가 세금을 부담하든 소비자가 세금을 부담하든 간에 상관없이 세금부과는 가격 상승으로 연결되기 때문에 세금부과의 경제적 효과는 궁극적으로 소비자가 부담할 수밖에 없다. 탄소세가 기존 세제에 더하여 추가적으로 부과될 경우 기본적으로 수송용 혹은 가정/상업부문의 난방용 연료에 부과될 가능성이 높다. 이렇게 되면 가정에 머무는 시간이 많고 난방용 연료 등의 소비가 많을 것으로 예상되는 노약자 층이나 매출은 크지 않으면서 가게 유지는 계속해야하는 서민 층이 소득대비 연료비가 차지하는 비중이 커져 탄소세 부과에 따른 부담과 고통이 더 크게 겪게 될 가능성이 높다.

## 탄소세의 조세중립성 확보와
## 조세저항 해결방안

　탄소세는 전형적인 피구세 Pigovian taxes로서 탄소배출이 야기하는 사회적 비용만큼 조세를 부과하여 사회적으로 바람직한 수준으로 자원을 배분하게 한다는 점에서 교정과세의 기능을 수행한다. 그 기능에 충실하기 위해서는 이론상 탄소배출자에게 사적비용과 사회적비용을 일치시키는 수준의 세금(세율)이 부과되어야 한다. 이에 따라 배출자는 자신이 부담해야하는 사회적 비용을 인식하게 되고 그 결과 효율적인 에너지소비를 하게 된다. 그러나 사회적비용의 산정에는 상당한 어려움이 존재한다. 탄소세의 주요 목적이 이산화탄소 배출량을 감축하도록 하는 것이므로 세율수준은 이산화탄소 감축에 대한 한계비용을 반영해서 탄소세에 따른 부담이 이산화탄소 배출행위에 충분히 영향을 미칠 수 있도록 설계되어야 한다.

　탄소세는 재원조달보다는 배출자들이 탄소배출을 저감·억제하도록 하고 생산·소비행위가 환경 친화적인 방향으로 이루어지도록 설계되어야 한다. 결국 탄소세는 기본적으로 연료 사용에 따르는 환경비용을 내부화하고 아울러 에너지 절약을 촉진시키고자 하는 데 그 목적이 있으므로 탄소세 부과에 따른 세수에 대해서는 전액 환원함으로써 정부 수입의 증가가 없도록 하여야 한다. 탄소세 수입의 활용방안으로는 소득세 등 타 세금의 경감, 사회보장기금 등으로의 활용, 에너지 절약 프로그램에 대한 투자를 통한 소비자 이익 환원 등과 같은 방안을 고려하여 조세 중립적 원칙을 견지하는 것이 바람직하다.

세금 신설의 목적과 취지에 맞게 잘 활용함과 동시에 반대로 발생할 부작용들을 완화하기 위한 제도로 조율하여 목적 달성 및 노동 공급을 증가시키고 투자를 촉진하는 등의 긍정적 역할까지 수행할 수 있도록 설계되어야 한다. 그뿐만 아니라 개인적으로도 가까운 거리는 자전거나 대중교통 이용, 사용하지 않는 가전제품 플러그 뽑기 등 생활 속에서 실천하며 개개인의 인식 변화까지 더해지는 노력이 중요하다.

한편 지구와 미래세대를 위해 환경오염을 줄이기 위한 대책이 필요하다는 것은 모두 동의하지만 저탄소 집약적인 산업구조가 갖추어지지 않은 상태에서 무리하게 탄소세가 도입되면 산업계 특히 제조업에 미치는 부정적인 영향이 경제 전반에 확산될 수 있다. 한국의 제조업 비중은 전체 산업의 약 27%로 전 세계에서 중국 다음으로 높은 수준이다. 휘발유·경유에 부과되는 교통·에너지·환경세의 경우 2018년 기준 연간 세수입이 17조원이다. 기존의 환경세를 정비하고 탄소세를 도입해야 한다면 저감기술이 확산될 수 있는 정책과 지원이 병행되는 경우에만 경제에 미치는 영향을 최소화 할 수 있다.

프랑스나 호주의 경우 탄소세가 부유세를 없애고 도입되거나 세금이 늘어났다는 공포감을 형성해 가난한 국민들에게 부담으로 작용했다. 반면 성공 사례인 스웨덴의 경우 다른 세금을 줄이면서 탄소세를 도입해 세금에 대한 반발을 최소화했고 이를 통해 온실가스를 줄이는 성과를 만들어냄과 동시에 경제성장도 이뤄냈다. 민심을 고려한 세제 개편으로 세금에 대한 국민들의 부담을 줄이면서도 온실가스 저감을 가져올 수 있는 방안을 마련할 수 있다는 좋은 사례이다.

## Reference

- Baik, K. H.,"ndogenous group formation in contests: unobservable sharing rules" Journal of Economics and Management Strategy, Vol. 25, No. 2
- 김승래, "녹색성장세제의 설계와 경제적효과, 탄소세를 중심으로", 단행본4, 한국조세연구원, 2010.
- 신상철, "탄소세와 배출권거래세 연계를 통한 효율적 기후변화 대응방안", 단행본5, 한국환경평가정책연구원, 2011.
- 이종화, "탄소세 정책과 배출권거래제 정책에 대한 후생 분석, 자원·환경경제연구. Vol. 25 No.3, 한국환경경제학회, 2015.
- 김홍균, "기후변화에 따른 대응 : 탄소세의 도입과 설계, 환경법과 정책 No.12, 비교법학연구소, 2014.
- 김영오, "저탄소 녹색성장의 비전과 전략", 한국지방연구원, 제13권, 한국지방자치연구 11권, 2011.

# 15_
# 디지털 인류Z와 디지털경제의 조세정책

 '90년대의 신세대 X가 밀레니얼 세대인 Y를 만나 최초의 디지털 인류인 간, Z가 태어났다.' 최근 TV에 나오는 자동차 광고의 대사 중 하나이다. Z세대는 1990년대 중반에서 2000년대 초반에 걸쳐 태어난 젊은 세대를 이르는 말로 어릴 때부터 디지털 환경에 노출되어 자란 이른바 '디지털 원주민Digital native'으로 스마트폰 없이 생활하는 것을 어려워하는 세대라는 의미의 신조어 포노 사피엔스phono sapiens와 그 맥락을 같이한다. 이와 같은 새로운 세대의 등장은 빠르게 변화하는 디지털경제 시대에 다국적 디지털 기업의 등장이 결코 우연이 아님을 말해준다. 언제부터인가 우리는 음악, 영화, 책 등 각종 콘텐츠를 이용할 때 유형의 물건을 구매하거나 극장 등 특정한 시설을 이용하기보다는 인터넷을 통해 파일 형태로 다운받거나 스트리밍 형태로 이용하고 있다. 수많은 사람이 유튜브에서 수익을 올리기 위해 노력하고 있는데 유튜브에서 배분하는 수익은 광고를 통해 확보한 수입에 기반하고 있다. 페이스북도 다양한 형태의 광고를 삽입하방식으로 막대한 수익을 창출하고 있다. 아일랜드에 본사를 두고 미국에 서버를 설치한 업체들이 우리나라 이용자들로부터 거둬들인 수익에 대한 세금은 어떤 국가가 얼마만큼 징수해야 하는 것일까. 우리는 아직 이에 대한 답을 가지고 있지 않다. 인터넷을 통한 디지털 유통이 보편화되면서 이러한 관행은 더 이상 현실에 부합하지 않게 됐다. 국가의 고유한 권한으로 인정받아 오던 과세권 행사는 디지털 시대를 맞이하면서 예상하지 못한 어려움에 부딪치고 있으며 조세 주권은 다양한 측면에서 위협받고 있다.

## 디지털경제는 고정사업장이 없는 무형의 세금전쟁

디지털경제는 고정사업장permanent establishment이 없는 무형의 개념으로 실질적으로 사용자가 가치창출에 기여하지만 그 기여하는 곳에서 과세가 이뤄지지 않는다. 예를 들면 유투브의 수익에 대한 과세는 유투브를 시청하는 사용자 국가도 광고주의 국가도 아닌 광고 알고리즘을 개발한 국가에서 이뤄진다. 즉 가치창출은 사용자가 클릭한 곳 또는 광고를 의뢰한 곳에서 발생되지만 세금이 부과될 때 이익에 대한 사용자 기여는 고려되지 않아 가치 창출을 한 곳과 과세권을 행사하는 국가간 불일치가 발생하게 된다. 이전까지 국제조세의 중요한 기본 틀은 고정사업장의 유무였다. 원칙에 따라 물리적 고정성을 기준으로 고정사업장을 판정하고 고정사업장의 가치 창출하는 곳에서 과세하였지만 디지털경제 하에서는 가상의 공간에서 물리적 고정성을 필요하지 않기 때문에 고정사업장의 존재여부는 이제 큰 의미가 없게 되었다. 때문에 디지털 플랫폼의 다국적기업에서는 고세율국에서 저세율국으로 자유롭게 이동하여 조세를 회피하는 등 새로운 문제점을 발생시켰고 이는 기존의 과세체계로는 국제조세 문제를 해결할 수 없게 되었다.

## 디지털시대와 조세주권 확보에 따른 국가분쟁

디지털 조세는 구글, 아마존, 페이스북 등 온라인·모바일 플랫폼 기업에게 자국의 디지털 수익에 법인세와는 별도로 부과하는 세금이다. 유럽연합(EU)이 추진 중이지만 프랑스·이탈리아 등은 도입 찬성을 아일랜드·룩셈부르크 등은 반대를 하고 있어 EU 내부에서도 갈등을 빚고 있다. 그동안은 특정 국가 내 고정사업장이 없이 매출이 일어나는 글로벌 IT 기업들에 대해 세금을 부과하기가 어려웠다. 하지만 디지털세는 사업장 유무와 상관없이 세금이 부과된다. 시장 소재지국에 고정사업장 같은 물리적 실체가 없더라도 과세권을 인정하는 내용이다. 다만 몇몇 국가들은 디지털세 도입을 반대하고 있다. 대표적인 나라가 미국이다. 구글, 아마존, 페이스북, 애플 등 소위 가파(GAFA)라 불리는 IT기업들이 해외에서 천문학적 매출을 내기 때문이다.

미국은 디지털세를 부과하고 있거나 검토 중인 국가에 관세 부과 등 보복조치를 하는 '슈퍼 301조'를 적용한다는 방침이다. 한편 프랑스, 영국, 이탈리아를 비롯한 전 세계적으로 디지털세를 이미 개별 도입했거나 도입하려는 움직임이 강하게 나타나고 있다. 최근 영국은 2018년 10월 29일 구글, 아마존, 페이스북 등 온라인·모바일 플랫폼 기업의 자국 내 매출에 법인세와 별도로 디지털세를 부과하겠다고 밝힌 후 2020년 4월부터 이를 시행하고 있다. 영국 디지털세의 대상은 연매출이 5억 파운드(약 7300억 원) 이상인 기업으로, 영국에서 소셜네트워크서비스(SNS), 검색 서비스, 스마트 애플리케이션 마켓 등으로 얻은 매출의 2%를 세금으로 부과한다. 이는 이익이 아닌 매출에 세금을 매기기 때문에 법인세와는 다른 성격이다. 영국 정부는 디지털세로 인해 연간 4억 파운드의 세수 증대 효과가 나타날 것으로 전망하고 있다. 반면 프랑스가 2019년 1월 1일부터 구글을 비롯해 페이스북, 아마존 등 정보기술(IT) 기업에 역내 온라인 광고 매출의 3%를 세금으로 납부하도록 하는 디지털세를 도입하려 하는 것에 최근 미 무역대표부(USTR)는 13억달러(약 1조5000억원) 규모의 프랑스산 상품(화장품, 핸드백, 비누)에 25%의 징벌적 과세 부과 방침을 밝힌 사실이 있다. USTR은 미국의 'IT 공룡'들을 대상으로 한 프랑스의 디지털세가 "불공정하게 미국의 디지털 기술 기업들을 겨냥하고 있다"라고 주장하고 있어 디지털세가 국가분쟁의 원인을 제공하고 있다.

## 디지털세는 한국정부에는
## 이러지도 저러지도 못하는 '뜨거운 감자'

디지털 조세의 필요성을 예를 들어 설명하면 우리나라의 구글 동영상 서비스 '유튜브'를 통해 벌어들인 광고료, 구독료에 대해서는 구글코리아 한국법인에서 진행되므로 법인세를 부과할 수 있다. 하지만 애플리케이션을 판매하는 '구글플레이스토어'는 싱가포르에 위치한 현지 법인 구글아시아퍼시픽의 서버에서 관리하고 있고 우리나라에 물리적 고정사업장이 없어서 돈은 우리나라에서 벌고 세금은 싱가포르에 내는 모순이 발생하게 된다. 그동안 외국 IT기업의 경우 서버를 기준으로 한 고정 사업장이 국내에 없다는 이유로 세금을 제대로 걷지 못했다. IT 서비스의 경우에는 서버 소재지에 고정사업장이 존재하는 것으로 과세 여부를 판단하는데 해외 IT기업들은 이를 악용해서 주로 법인세율이 낮은 나라에 서버를 설치하기 때문이다. 현재 구글코리아 매출의 대부분을 차지하고 있는 앱스토어 매출에 대한 정확한 규모는 드러나지 않고 있다. 다만 업계와 학계에서는 구글코리아가 앱스토어인 구글플레이에서 4조 4656억원(지난 2016년 기준)의 앱스토어 매출을, 유튜브에서는 4000억원 이상 광고 매출을 올릴 것으로 추정하고 있다.

최근 국세청이 구글코리아가 외국에 서버를 두고 조세를 회피했다고 판단해 법인세 약 6000억원을 추징했는데 국세청은 구글코리아의 고정사업장이라고 할 수 있는 '서버'가 해외에 있더라도 국내 자회사가 계약 체결권을 상시로 행사하는 등, 실제 사업이 한국에서 이뤄졌다면 과세하는 것이 맞다고 판단하고 있기 때문이다. 반면 구글 등 글로벌 IT 기업은 서버가 국외에 있다는 이유로 한국 법인세 부과 대상이 아니라는 논리를 펴고 있다. 현재 이 사건은 구글코리아가 우리나라 조세심판원에 불복 절차를 제기한 상태라 결과가 흥미롭다. 이와는 별도로 최근 전경련는 OECD 산하 경제자문기구인 BIAC(Business at OECD) 한국위원회 연례회의를 통해 디지털세가 세계적으로 보편화할 경우 네이버나 카카오 등 국내 IT 기업의 세금 부담이 늘어나게 되므로 우리나라가 디지털세를 도입하는 시나리오에 대해선 '한국이 디지털 서비스 수출국에 해당한다'는 측면에서 부적절하다고 평가하고 있다.

국내에서 글로벌 디지털세 도입이 어려운 이유가 여기에 있다. 만약 한국 정부가 실리콘밸리 디지털 기업에 디지털세를 부과한다는 방안을 내놓을 경우 즉

각 무역보복을 당할 수 있기 때문이다. 그 파급력은 디지털 시장을 넘어 삼성전자와 같은 제조업 기업에도 부정적인 영향을 미칠 수 있기 때문이다. 결국 한국이 다른 외국기업의 과세권을 가져오는 것도 방법이지만, 우리 기업이 다른 나라에 진출 시 과세권을 줘야하는 문제와 미국과의 무역분쟁을 고려하여 신중한 판단이 요구되는 상황이다.

# 16_
# 공유경제와 조세정책의 대응방안

'공유경제Sharing economy'라는 용어는 2008년 하버드 로스쿨의 로렌스 레식Lawrence Lessig 교수의 리믹스Remix* 라는 책에서 처음 등장하였다.

이 책에서 공유경제는 '상업경제Commercial economies'와 대치되는 개념으로서 비용과 가격을 기반으로 생산과 소비가 이루어졌던 기존의 경제방식의 틀을 넘어 재화의 소유권 개념이 보다 약해지고 이미 생산된 제품을 구성원 간 공유하는 형태라 보았는데 이런 경제활동은 가격이 아닌 다양한 사회관계에 의해 조율된다고 하였다. 이어 2010년 공유경제의 의미는 '협력적 소비Collaborative consumption'라는 개념으로 보다 구체화되었다. 자신이 소유하고 있는 재화에 대한 접근권이나 사용권을 타인과 공유교환 대여함으로써 새로운 가치를 창출해내는 것이 공유경제 작동의 근간이라는 것이다.

---

* Lawrence Lessig, Remix: Making Art and Commerce Thrive in the Hybrid Economy, Penguin Press(2008)

2008년 하버드대학교의 로렌스 레시그 교수가 공유경제가 무엇인지 가장 구체적으로 설명하였다. 레시그 교수는 상업 경제를 대척점에 세워두고 문화에 대한 접근이 가격에 의해 규정되지 않고 사회적 관계의 복잡한 조합에 의해 규정되는 경제 양식을 의미한다고 공유경제를 정의했다. 또한 공유경제의 참여 동기를 '나 혹은 너'의 유익이라고 강조하여 공유경제와 상업경제를 구분하는 기준점을 언급하였다. 공유경제의 대표적 사례로 알려진 에어비앤비와 우버는 창업 초기 소유한 재산을 공유함으로써 자원의 낭비를 방지하는 데에 목적을 두었지만 최근에는 수익을 극대화하는 방향으로 운영을 하고 있어 공유경제와 거리가 멀어졌다고 보고 있다. 이런 논란과 더불어 일각에선 최근 공유경제가 기술적인 발전에 따른 잠깐의 유행이였다는 주장도 나오고 있다.

## 공유경제 과세에 대한 인식

공유경제 공급자들은 납세의무를 인지하지 못하거나 해당 경제활동이 과세당국에 포착되지 않는다고 생각하여 세금 신고를 성실히 이행하지 않는 경향이 있다. 전통적으로 숙박, 주차 공간의 일시적 제공, 일시적 가사 서비스 제공 등의 경제 활동은 비정기적으로 발생하며 개인간 구두를 통한 알선 등의 형태로 이루어지는 특성이 있어서 그 규모가 상대적으로 매우 작아 과세당국의 체계적인 관리대상에서 제외되는 경향이 있었다. 또한 공유경제 공급자 대부분이 자신의 납세의무를 충분히 알고 있지 못하는 경우가 많고 공유경제 활동이 부수적 또는 비정기적이어서 소득세 신고를 소홀히 하는 경향도 많았다.

## 디지털 플랫폼 공유경제
## 공급자 원천징수 해법

　디지털 플랫폼을 통해 용역 및 서비스를 공급하는 공유경제 공급자는 그 수는 많으나 대부분이 적은 소득을 얻고 있어 세무조사를 통해 세금을 징수하는 것이 효율적이지 않을 수 있다. 이에 원천징수 방식을 통해 세원을 파악하고 조세수입을 확보하는 방안이 고려될 수 있다. 공유경제 공급자 확인을 위해 과세당국이 플랫폼 사업자와 협력하여 이들에 대한 정보를 수집·활용할 수 있으며 수집된 자료를 활용하여 과세당국이 미리 작성된 세금 신고서을 만들고 이를 공급자에게 제공하여 자발적 세금신고를 촉진하는 방안을 고려해 볼 수 있다. 플랫폼 사업자와 공급자의 불필요한 부담을 줄이기 위해 수집정보의 기준에 대한 연구가 필요하며, 특히 플랫폼 사업자가 국가별로 상이한 정보를 보고해야하는 경우 이에 대한 부담을 줄이기 위해 국제적 차원의 합의도 필요하다.

## 플랫폼 사업자 과세정보 확인
## OECD 가이드라인

　과세 논의에 있어서는 과세부담 주체와 과세집행력이 핵심 이슈이다. 플랫폼 사업자는 중개 수수료에 대해 세금을 내면 되지만 문제는 공급자가 받는 수익이 투명하게 신고되지 않는 경우이다. 그래서 이미 일부 EU 회원국에서는 세금 징수를 위한 플랫폼과의 협의를 진행하고 있는데, 숙박공유 부문에서 플랫폼이 서

### 국가별 공유경제 형태와 규모

| 구분 | 공유경제 규모 |
|---|---|
| 중국 | • 2016년까지 55억 유로로 추정<br>• 201년까지 매년 30%이상씩 성장할 것으로 예상 |
| 덴마크 | • 부동산임대와 여객운송이 대부분을 차지<br>• 2015년 기준 부동산임대와 여객운송의 5,700만-8,400만 유로로 추정 |
| 핀란드 | • 2016년 기준 1억 유로로 추정, 2020년까지 13억 유로로 추정<br>• 공유경제의 비율은 금융 65%, 숙박19%, 가사서비스 14% |
| 프랑스 | • 200-300개의 P2P온라인 플랫폼이 관련 용역중개<br>• 용역중개 전체매출은 30억-40억 유로로 추정 |
| 포르투칼 | • 단기 숙박업 위주로 매출 발생, 2016년 기준으로 2억 유로로 추정 |
| 스페인 | • 관광숙박업이 대부분 규모는 7.5억 유로로 추정 |
| 영국 | • 경제활동규모의 약11%(530만명)이 공유경제에서 활동<br>• 총규모는 80억 파운드로 추정 |

출처 : OECD, The sharing and Gig economy : effective Taxation of Platform Sellers (2019)

비스 공급자를 대신해 세금 납부를 용이하게 하거나, 세무 기관이 온라인 플랫폼에서의 추적을 통해 개별 공급자로부터 세금을 징수하는 경우도 있다. 차량공유 부문은 거래시 납세자 세금 양식을 사전 기입하는 방식으로 세무 당국과 플랫폼 간 협력이 이루어지고 있다. OECD가 제안한 공급자에 대한 정확한 과세 관련 정보 확인을 방안은 다음과 같다. 먼저 과세당국이 IT 기술(웹 스크래핑, 웹 크롤링 등)을 활용하여 웹사이트로부터 가격, 거래 및 체류기간 등의 정보를 수집, 매출액을 추정하고 납세자의 신고내용 등을 분석할 수 있도록 한다. 두 번째, 정보제공을 위한 자발적 합의를 하는 것이다. 과세당국이 플랫폼 사업자와의 자발적 합의를 통해 플랫폼에서 제공되는 서비스와 관련한 수수료, 지방세등을 원천징수하고 관련 정보를 수집할 수 있도록 한다. 세 번째, 정보 확보를 위한 법적권한 마련을 마련하는 것이다. 플랫폼 사업자의 주된 사업장 또는 고정사업장이 국내에 있을 경우 해당 플랫폼 사업자에게 모든 공급자들의 관련 정보를 과세당국에 제출하도록 법률로 규정할 수 있다.

## 공유경제에 대한 세금보고 사례 : 미국

 미국에서는 국세청이 공유경제만을 대상으로 하는 〈공유경제조세본부Sharing Economy Tax Center〉를 설립하여 효과적 조세행정을 위한 지원체계를 구축하고 있다. 프랑스는 2016년 7월, 플랫폼 사업자를 대상으로 세금 및 사회보장에 대한 정보 제출을 의무화하고 매년 1월 마다 전년도 소득계산서를 제출하도록 하는 규제 장치를 마련했으며 지난해 9월 독일과 함께 디지털플랫폼 경제의 공정한 세금부과를 위한 규정 제정을 EU집행위원회에 요청한 바 있다. 일본 정부도 지난해 공유경제 과세 방안에 대한 논의를 시작으로 세제개편에 반영하기로 하는 등 공유경제 수익에 대한 과세는 정당화되고 있다.*

 미국의 세금보고에 대한 사례는 다음과 같다. 우버, 리프트, 도어대쉬 등 공유경제에 주업 또는 부업으로 운전을 통한 수익을 미국에서 세금보고하는 방법은 일반 자영업자와 같이 Schedule C 양식을 통해서 보고하게 된다. 연중 수익이 $600이상이었으면 회사에서 제공하는 1099-Misc 양식을 받아 세금보고에 사용하게 되고, 양식을 받지 않았더라도 본인 계좌의 대쉬보드 기록을 바탕으로

---

\* 김민호 "지능정보사회와 공유경제", 미국헌법학회(2018)

수익을 보고를 하여야 한다. 운전을 통한 수익을 보고할 때 공제할 수 있는 대표적인 비용으로는 우버나 리프트등에서 납부한 수수료service fee와 자동차 관련 비용이 있다. 자동차관련 비용을 공제하는 방법으로는 실제 운행한 마일리지에 의해 공제를 신청하는 마일리지방식Standard mileage과 실제 사용한 금액을 근거로 공제를 신청하는 실제비용방식Actual expense이 있으니 본인에게 적합한 방식으로 공제를 신청하게 된다. 이외에 휴대폰 사용료 중 비지니스를 위해 사용한 부분과 운행을 위해 사용한 소모품 구매비용 등도 공제를 하실 수 있다. 에어비엔비를 통한 임대수익Rental income의 세금보고는 Schedule E 양식을 통해서 하게 되는데 이때 공제할 수 있는 비용으로는 모기지 이자, 재산세, 보험료, 유틸리티비용 등이 있다.

  이러한 비용들은 총비용을 개인적으로 사용한 부분과 임대를 위해서 사용한 부분을 나누어서 임대를 위해 사용한 부분만 공제 신청할 수 있다. 예를 들어 집의 1/3면적으로 임대하고, 나머지 2/3면적은 개인적인 용도로 사용하였다면 총비용중 1/3에 해당하는 금액을 공제 신청하는 것이다. 비용공제 신청시 임대기간도 고려해야하는데, 일년중 3개월을 임대하였다면 총비용 중 3개월에 해당하는 부분만을 공제신청할 수 있다. 만약 본인이 임대한 공간을 다시 임대하는 경우에는 본인이 납부하는 임대료중 일부를 재임대sub lease와 관련한 비용으로 공제신청 할 수 있다.

### 미국 국세청의 공유경제 과세유형예시

| Gig Work | Digital Platforms |
|---|---|
| • Drive a car for booked rides or deliveries<br>• Rent out property or part of it<br>• Run errands or complete tasks<br>• Sell goods online<br>• Rent equipment<br>• Provide creative or professional services<br>• Provide other temporary, on-demand or freelance work | • Ridesharing services<br>• Delivery services<br>• Crafts and handmade item marketplaces<br>• On-demand labor and repair services<br>• Property and space rentals |

출처 www.irs.gov/businesses/small-businesses-self-employed/sharing-economy-tax-center

### Reference

- Recommendations and considerations for further work(2019)
- The Sharing and Gig Economy : Effective Taxation of Platform Sellers(2019)
- Considerations for effective taxation of platform sellers(2019)
- www.irs.gov/businesses/small-businesses-self-employed/sharing-economy-tax-center

# 17_
# 경제가 가장 싫어하는 것은 이념이다
## "바보야 문제는 경제야!"

복지국가를 비롯해 현대의 모든 경제는 혼합경제mixed economy이다. 혼합경제란 자본주의경제와 사회주의경제가 혼합된 경제를 말한다. 모든 경제에서 중앙 및 지방정부, 공기업이나 공공연금과 같은 정부산하 기관을 모두 합한 공공부문은 사회주의적 요소이다. 정부의 재산은 사유재산이 아니라 국가 공동의 재산이며 정부의 경제활동은 정부의 계획과 지시라는 사회주의적 방법에 의해 운용되기 때문이다. 혼합경제mixed economy에서 자본주의경제와 사회주의경제(정부부문)의 혼합비율은 나라마다 다르다. 미국, 서유럽국가, 일본, 우리나라 등은 자본주의 경제의 비율이 높고 붕괴된 소련과 동유럽 경제들, 현재의 북한과 쿠바 등은 사회주의 경제의 비중이 더 높으나 모두 혼합경제이다.

현대에서는 완전한 자본주의와 완전한 사회주의가 성립되지 않는다. 정부는 시장에 개입함으로서 시장실패를 줄이고자 한다. 공공분야의 재화를 낮은 수준의 가격으로 유지하고 대규모사업을 통해 공공의 복리를 증진시키며 부의 재분배를 통해 자본시장을 활성화시킨다. 이러한 개입은 정부실패를 일으켜 시장을 혼란스럽게 할 때도 있지만 보이지 않는 손만으로 시장을 운영하는 것에 대한 붕괴의 참상은 이미 역사적으로 경험했다. 따라서 정부가 시장에 개입하는 것 자체는 긍정적으로 평가를 받는다. 다만 그 방법과 방향, 정도에 있어 어떤 정책적 결정을 해야 하는지는 모든 사회구성원이 함께 만족할 수 있는 최선의 방법을 찾는 것이 정부의 역할이다. 과거 근대 주류 경제학은 기본적으로 완전경쟁시장에서의 시장경제를 신뢰했다. 시장경제가 생산과 고용에서는 효율성을 발휘하므로 정부는 가능한 한 경제에 개입하지 말아야 한다는 것이 아담스미스Adam Smit 이래의 근대경제학의 기본입장이었다.

이런 경제학자들의 믿음을 바꾼 것이 존 케인즈John M. Keynes의 거시경제학과 폴 사무엘슨Paul Samuelson의 공공경제학이론인데 정부의 적극적 개입정책을 강조하고 있다. 이러한 이론은 부의 재분배나 공공정책의 목적을 달성할 수 있으나 다른 한편으로는 정부가 점차 비대하여져서 정부의 무능, 비리와 횡포라는 국가의 실패가 크게 증대할 수도 있게 된다. 어떤 자원배분 상태가 실현가능하고 다른 배분 상태와 비교했을 때 이보다 효율적인 배분이 불가능하면 이 배분 상태를 파레토 효율Pareto efficiency이라고 한다. 파레토 효율은 한 사람의 후생을 증가시키기 위해서는 다른 사람의 후생을 감소시켜야만 하는 상태를 말한다. 정부의 역할도 시장경제에 참여하는 다양한 계층과 사회적 약자와의 균형된 파레토 효율Pareto efficiency을 고려하여 성장과 분배를 동시에 달성할 수 있는 균형된 정책을 집행할 필요가 있다.

## 국가의 운명은 경제적 요인과
## 정치적 선택에 의해서 달라진다

인간은 누구나 범죄, 공해, 질병 등의 면에서 이룬 모든 발전을 제쳐놓더라도 그간의 경제적 성과를 통한 오늘날의 생활 수준과 사회적 계층 이동, 공정성 등의 면에서 한 세대 전의 자기나라보다 훨씬 나은 곳이라는 사실을 보고싶어한다. 경제성장에서 '국가와 제도의 역할'을 강조하는 MIT 경제학과 교수인 애쓰모글루Daron Acemoglu는 그의 저서 「국가는 왜 실패하는가」에서 15년간의 연구를 바탕으로 로마제국, 마야 도시국가, 중세 베네치아, 구소련, 라틴아메리카, 잉글랜드, 유럽, 미국, 아프리카 등 전 세계 역사에서 주목할 만한 증거를 토대로 실패한 국가와 성공한 국가를 가르는 결정적 차이가 무엇인지를 이야기하고 있다. 저자는 이 책에서 "정치와 경제, 역사를 아울러 국가의 운명은 경제적 요인과 정치적 선택에 의해서 완전히 달라질 수 있다"라고 말한다. 국가의 성패를 가르는 결정적 요인은 지리적, 역사적, 인종적 조건이 아니라 바로 '제도'라는 점을 강조하면서, 특히 남한과 북한을 그 예로 들어 어떻게 이토록 완연히 다른 운명의 길을 걷게 되었는지를 분석하고 있다.

한국이 GDP 규모 세계 12위 경제강국이 될 수 있었던 이유는 모든 경제참여 요소들이 착취적, 억압적인 이데올로기 대신 시장경쟁의 본질을 이해하고 각자의 자리에서 경제적 참여의 기회를 동등하게 제공받아왔기 때문이라고 애쓰모글루 교수는 설명하고 있다. 개인들에게 경제적 인센티브를 제공하는 나라는 지속 성장을 하고 그렇지 않은 나라는 실패했다는 것이다. 영국에서 산업혁명이 시작된 것은 사유재산권이 보장될 것이란 믿음에서 출발한 것이고 한때 런던

보다 세 배나 큰 도시였던 베네치아가 쇠락한 건 정부가 무역을 국유화하고 개인 무역상에게 높은 세금을 물리면서 경제가 오그라드는 잘못된 제도 탓이었음을 이야기하고 있다.

가난한 나라가 가난한 이유는 국민이 무지하거나 천성이 게을러서가 아니라 정치가들이 각 개인의 경제적 인센티브를 죽이고 빈곤을 조장하는 제도를 선택하기 때문이라는 것이다. 현대의 국가는 자본과 노동의 소유주체들이 착취와 쟁취라는 제로섬의 사고로 자유경쟁free competition은 공정경쟁과 노동생산성labour productivity이 노동존중과 경쟁하고 있다. 완전경쟁시장에서의 폐해로 지목되는 구성원간의 소득불평등 해소 방안에 대해서도 공평하게 나누자는 의견이 우세하여 복지정책에서도 예산과 집행에 많은 갈등과 이견을 보이고 있다.

경제가 가장 싫어하는 것은 이념이다. 북유럽(스웨덴)은 성장동력을 확보하기 위하여 국가재정을 사회안전망에 투자하였으나 남유럽(그리스)은 복지명목으로 대량의 현금을 살포하여 포퓰리즘populism화 하였다. 그 결과는 모두가 아는 바와 같다. 역사는 착취와 쟁취의 이념적 국가가 일부 정치인들의 포퓰리즘과 결합되어 어떻게 몰락해 갔는지 극명하게 보여주고 있다. 미래 4차 산업시대에서 혁신은 기본적으로 창조적 소수에게서 나오며 국가성장에 대한 대가로 어마어마한 보상을 지급받기에 소득화의 양극화는 불가피하다고 할 수 있다. 이로 인하여 미래사회는 성장과정에서 탈락한 사회구성원들에게 섭섭하지 않는 따뜻한 보상과 재기의 기회를 효율적으로 제공하는 것이 요구된다. 혁신정책과 따뜻한 분배를 목적으로 하는 소득정책의 패러독스paradox를 조세와 재정 그리고 경제적 유인효과를 고려하여 어떻게 풀어갈 것인가를 고민해 보아야 한다.

## 성장을 통한 지니계수의
## 개선의 필요성과 낙수효과

지니계수Gini coefficient란 국민들의 빈부격차를 측정할 수 있는 지표로 이탈리아의 통계학자인 코라도 지니Corrado Gini가 1912년 만들어냈다. 지수는 0~1 사이로 나오는데 숫자가 작을수록 평등한 소득분배를 의미하고 숫자가 1에 가까울수록 소득분배가 불평등하다는 것을 의미한다. 위의 표에서 보면 완전평등선과 로렌츠 곡선Lorenz curve이 일치하는 면적은 0이므로 지니계수는 0이라고 표현하고, 삼각형의 면적과 로렌츠곡선의 면적이 같아지면 지니계수는 1이라고 표현한다. 결국 지니계수와 로렌츠 곡선은 방법만 다를 뿐 같은 개념이라고 볼 수 있다. 일반적으로 정상적인 자본주의 사회에서는 지니계수가 0에 가까울수록 소득분배가 평등하다라고 할 수 있다. 지니계수가 낮은 나라들, 즉 소득이 잘 분배되고 있는 나라들은 주로 북유럽 국가들이나 구 사회주의권 국가들인 경우가 많다. 헝가리, 덴마크, 일본, 스웨덴, 벨기에, 노르웨이 등이 0.3 미만의 수치로 상대적으로 소득분배가 잘 되고 있다고 평가되고 있다. 이에 반해 사회주의 국가인 베트남과 중국은 소득분배에서 상당한 불평등이 나타난다.

최근 우리나라 소득분배상태(지니계수)가 2018년 급격하게 나빠진 뒤로 2019년 말까지 역대 최악의 수준을 유지하고 있는 것으로 나타났다. 정부가 저소득층 지원 확대 등 소득주도성장 정책을 추진했지만 오히려 분배 상황이 악화된 것이다. 이유는 정부가 여전히 국가주도형 성장에서 헤어나지 못하고 있기 때문이다. 미국의 경제학자인 듀센베리James Stemble Duesenberry는 1949년 자신의 박사학위 논문인 〈소득, 저축 및 소비자행태 이론Income, Saving and the Theory of Consumer Behavior〉에서 경제주체들의 특이한 행태를 지적했다. 사람들은 소득이 증가할 때 소비를 늘리지만 반대로 소득이 감소해도 소비를 쉽게 줄이지 않는다는 것이다. 이는 돈벌이가 좋을 때 형성된 소비 습관은 주머니 사정이 어려워져도 고치기 곤란하다는 의미이다. 늘리기는 쉬워도 줄이기는 어렵다는 것이니, 마치 소비가 습관이라는 톱니장치에 맞물려 있는 것과 같다고도 할 수 있다. 이러한 이유로 소득격차는 더욱 더 가속화되고 지니계수는 1에 가까워진다.

파이를 키우는 문제와 파이를 나누는 문제는 둘 다 중요하지만 시장자율성이 우선되어야 한다. 성장이 되지 않으면 세원이 없어지고 세율을 아무리 높이더라도 세수는 줄어들게 된다. 혁신성장과 소득분배라는 두 요소의 최종 목적은 지니계수의 개선에 주안점을 두어야 한다. 지니계수가 개선된다는 의미는 소득격차를 해소시키면서 공동체로 나가는 국가라는 것을 간접적으로 나타내는 수치이기 때문이다.

## 영화〈설국열차〉소유의 불평등에 대한 단상, 주거계급론

영화 〈설국열차〉 내부는 경제적으로 불평등한 상태다. 자본주의와 시장경제에서 불평등은 어떻게 치유될 수 있는가에 대한 물음이 복지사회에 대한 욕구로 보편적으로 나타난다. 〈설국열차〉는 태생적인 불평등을 열차 칸으로 표현한다. 어떠한 노력을 하더라도 좀 더 좋은 칸으로 옮겨갈 수 없다. 자원이 한정적이기에 처음부터 어떠한 열차 칸에 탔는가에 따라 누릴 수 있는 기득권은 천차만별이다. 열차의 지배자 윌포드는 미디엄 레어로 스테이크를 구워 먹는다. 앞 칸 사람에게는 1년에 두 번씩 초밥이 허락되고 호화로운 사우나에서 씻을 수도 있다. 클럽에서 신나게 춤추며 술을 마시는 일도 가능하다. 반면 꼬리칸 주민은 빛도 들지 않는 곳에서 비참한 삶을 살아간다. 제대로 된 위생시설은 찾아볼 수 없고 식량도 오로지 양갱 비슷하게 생긴 단백질 블록에 의존하는 상황이다.

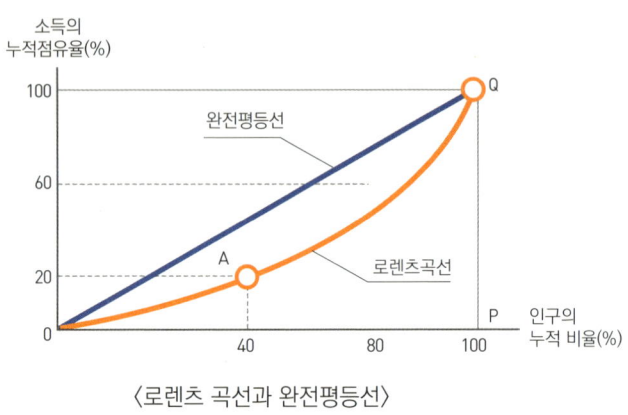

〈로렌츠 곡선과 완전평등선〉

영화 〈설국열차〉처럼 어떤 사회의 분배상태(불평등상태)를 나타내기 위해 가장 흔하게 사용하는 것이 '로렌츠 곡선Lorenz curve'이다. 가장 잘사는 사람부터 가장 못사는 사람까지 10개 그룹으로 분류한 뒤 각 그룹이 차지하는 소득을 차례대로 쌓아 10개의 점을 찍어 연결하면 위의 〈그림〉처럼 로렌츠 곡선이 된다. 로렌츠곡선이 볼록할수록 불평도 지표는 높다. 완전평등선과 로렌츠 곡선이 일치할 때 가장 소득평등상태가 이상적이다. 로렌츠 곡선은 각자의 공헌도에 따라 대가를 달리 받는 것에 대한 것을 인정하되 비례적 평등을 강조한다.

많은 학자들은 절대적으로 평등한 분배보다는 평등한 기회 제공을 강조한다. 현재 소유의 불평등과 기회의 불평등이 동시에 혼재되어 있는 국가는 늘 불행하다. 현재 우리나라의 2030 세대는 부모로부터 물려받은 부가 사회적 계급을 형성한다는 주거 계급론, 수저론, 민달팽이론*, 지옥고** 라는 단어를 만들어 내면서 쓰린 가슴을 매만지고 있다. 오히려 기차 칸막이 마다 어떠한 일이 벌어지고 있는지 모르는 살아가는 〈설국열차〉가 나올지 모른다. 평등한 기회제공을 시스템적으로 잘 갖추는 것이 국가의 가장 중요한 책무이다.

---

\* 집 없는 젊은이들을 비유하는 껍데기 없는 민달팽이에 비유한 신조어
\*\* 지하와 옥탑방, 고시원의 앞글자를 따서 젊은이들의 집 없는 고통을 비유한 신조어

Tax betrayal Series 2

# 세금의 배신
## 시리즈 2
### 상속·증여세 편

일상에서 벌어지는 예상치 못한
상속세·증여세 분쟁과 세금을 다룬다.

# 01_
## 남편 사망 직전 이혼해 50억대 재산분할 대법 "적법하다"

**| CASE**

김씨는 1982년 5명의 자녀를 둔 이모씨와 결혼했다. 2011년 3월 위암으로 투병 중인 남편 이씨의 상태가 위독해지자 김씨가 이혼 및 재산분할 청구소송을 냈고 현금 10억원과 액면가 40억원의 약속어음 채권을 분할해 준다는 조건으로 이혼조정이 성립됐다. 김씨는 이혼 후에도 2013년 12월 남편이 사망할 때까지 동거하면서 병시중을 들었다. 이씨가 사망하자 상속인들은 이혼으로 김씨에게 협의분할로 이전한 재산을 차감하고 상속세 신고를 하였다.

**| Taxation**

국세청은 사망한 이모씨의 상속세를 조사하던 중 사망하기 전 배우자와 이혼한 사실과 이혼에 따른 재산협의분할이 이루어졌음을 확인하였다. 국세청은 이모씨가 사망하게 되면 상속세가 누진세율로 부과 될 것을 피하기 위하여 이씨와 김씨가 짜고 허위 이혼을 통한 재산분할을 하였다 보고 이전된 재산 약 50억원에 대해 사전증여로 보아 증여세와 가산세 36억원을 고지하였다. 국세청은 "법률상 이혼이라는 외형만 갖춘 가장이혼에 해당하므로 재산분할의 효력을 인정하지 않고 분할액에 세금을 부과한 처분은 적법하다"고 주장하고 있다.

## Tax Tip

  국세청의 과세취지는 다음과 같다. 배우자의 건강을 걱정하는 각별한 마음 등으로 미루어 볼 때 실제 이혼의사가 있었다고 보기는 어렵다. 촬영된 사진에서는 김씨가 배우자가 거주하는 아파트의 현관 입구에서 외출하는 모습이 담겨 있다. 배우자가 함께 살아온 OOO아파트로 배달된 우편물 및 택배를 김씨가 수취하고 서명한 내역이 있다. 고령이고 몸이 불편한 김씨가 주소지인 반포동이나 서초동 주변 은행지점이 아닌 배우자가 거주하는 금호동 아파트 내에 위치한 금융지점을 이용하여 금융거래를 하였다. 설령 배우자 간의 협의이혼이 가장이혼에 해당하지 않는다고 하더라도 협의이혼분할 재산은 과대하고 비상식적이어서 상속세나 증여세 등 조세를 회피하기 위한 수단에 불과하다. 그 실질이 증여라고 평가되므로 증여세 과세대상하는 것은 당연하다. 위와 같이 국세청의 과세취지를 살펴 보면 실질 이혼이 아니면서 상속세를 줄이기 위한 편법적인 재산분할은 세무상 상당한 위험을 가지고 오게 된다. 반면 실질이혼이라면 재산분할에 따른 재산의 이동에 대해서는 증여세가 부과되지 않는다.

## Tax Law & regulations

■ 가장 이혼이 아니면 이혼에 따른 재산분할은 증여세 과세대상이 될 수 없음

  이혼에 따른 재산분할은 부부가 혼인 중에 취득한 실질적인 공동재산을 청산

분배하는 것을 주된 목적으로 하는 제도로서 재산의 무상이전으로 볼 수 없으므로 그 이혼이 가장이혼으로서 무효가 아닌 이상 원칙적으로 증여세 과세대상이 되지 않는다(대법2019두52201, 2020. 01. 04.)

# 02_
# 1세대 1주택 비과세 발목잡은
# 숨겨둔 처의 오피스텔

### | CASE

배우자 P는 남편이 주는 생활비를 10년간 모아 남편 몰래 본인의 명의로 작은 오피스텔 1개를 분양받았다. 공부상 근린생활시설이라고 되어 있었지만 사무실 용도로 사용할 임차인을 구하지 못해 월 70만원을 받기로 하고 개인에게 주택임대를 놓았다. 혹시 몰라 전입신고는 안하는 조건으로 임대계약서를 작성하였고 남편 몰래 몇 년째 월임대료를 받아 생활비로 사용하였다. 이러한 사실을 모르는 남편이 최근 부동산이 오르자 갈아타기 위하여 현재의 아파트를 처분하고 새로운 아파트를 취득하였다.

### | Taxation

국세청은 쟁점 쟁점오피스텔이 숙식 가능한 주택 구조로 되어 있는 것을 확인하였다. 처분청 조사 담당 공무원의 현장 방문시 쟁점오피스텔은 1층 상가를 제외하고 상가 간판이나 업무시설로 볼 수 있는 입간판은 없었다. 쟁점오피스텔 1

층 상가 OOO공인중개사는 쟁점오피스텔은 1층 상가를 제외하고는 모두 원룸형태의 주거용으로 사용되고 있다고 진술하여 주었다. 또한 쟁점오피스텔 임대차계약서에도 주거 용도임이 명시되어 있고 당해 오피스텔이 사업용으로 사용하였다는 사업자등록증이나 사무실용도등의 증거서류가 없었다. 따라서 오피스텔을 주택으로 보고 1세대2주택 조정지역을 적용하여 장기보유특별공제를 배제하고 양도소득세 4억원을 추징하였다.

## Tax Tip

1세대 1주택자임에도 동일세대원(배우자 부모등)이 실질 주거용 오피스텔을 보유하고 있거나 상업용 상가일부를 주택으로 임대하고 다주택자로 간주하여 양도소득세를 적용하므로 양도당시에 다주택자 적용여부를 동일세대원과 충분히 논의하여 판단하여야 하고, 실질 주거용 오피스텔이 있다면 실질 사무실용으로 임차를 변경하고 양도하여야 한다.

## Tax Law & regulations

■ 공부상 업무시설이라도 실질 주택사용이면 오피스텔도 주택으로 간주

쟁점오피스텔은 공부상 용도가 업무시설 등으로 되어 있으나 그 구조는 주거용에 적합하도록 되어 있고 청구인이 양도주택 양도할 당시 쟁점오피스텔의 임차인이 쟁점오피스텔에서 숙식하면서 출근하였다고 진술한 점 등에 비추어 처분청이 쟁점오피스텔을 보유주택수에 포함하여 1세대 1주택에 대한 특례규정의 적용을 부인하여 청구인에게 양도소득세를 과세한 이 건 처분은 잘못이 없음 (조심2020구430, 2020. 08. 31)

# 03_
## 상속재산 지분 분쟁 현금청산시 양도소득세 과세

**| CASE**

피상속인 K가 사망하자 상속재산인 상가 30억짜리를 두고 배우자와 장남 나머지 딸2명은 재산분쟁을 벌이고 있다. 피상속인 K의 배우자와 장남은 나머지 딸2명에게 상가지분을 기준시가로 계산하여 현금정산하여 주겠다고 통보하였으나 두 딸은 상가를 감정가액 기준으로 현금청산을 하여줄 것을 가정법원에 소를 제기하였다. 법원은 상속인들에게 감정평가요청서 제출을 요구하였고 1년 후 조정에 갈음하는 가정법원 판결문으로 상속부동산은 배우자와 장남의 공동소유로 하고 상가 감정가액에 준하는 현금청산을 두 딸에게 하기로 판결했다. 그리고 상속인들은 판결 후 서로의 인연을 끊었다.

**| Taxation**

국세청은 피상속인 K의 상속인 지분에 대한 법원의 판결문을 입수하고 상속세 결정서에는 상속재산인 상가가 기준시가로 되어있음을 확인하였다. 법원에 제출된 감정평가서는 상속세 법정결정기한(9개월) 이후에 제출되어 상속세를 감정가액으로 재계산하는 경정대상이 되지 않았다. 하지만 상속당시의 기준시가 취득가액과 법원판결 시 지분의 시가 정산액을 양도가액으로 보고 양도소득세를 두 딸에게 각각 1억씩 과세하였다.

## Tax Tip

"양도"란 자산에 대한 등기 또는 등록과 관계없이 매도·교환·법인에 대한 현물출자 등으로 인하여 그 자산이 유상으로 사실상 이전되는 것을 말한다. 이 경우는 상속인 두 딸이 상속재산을 기준시가로 취득하여 나머지 상속인에게 시가로 양도한 것으로 간주된다. 따라서 상속세 신고 시 감정가액 또는 기준시가로 신고할 경우 증가하는 상속세와 양도소득세를 고려하여 의사결정하여야 한다.

## Tax Law & regulations

■ 상속인지분을 현금청산시 양도소득세 과세대상임

상속재산분할에 대한 조정을 갈음하는 결정으로 청구인이 다른 상속인들의 상속재산에 대한 법정상속지분을 현금 등으로 유상 취득할 경우 상속부동산에 대한 법정상속분 포기의 대가로 청구인 외 다른 상속인들이 지급받은 현금 등은 양도소득세 과세대상임(사전법령해석재산2019-641, 2020. 02. 04)

# 04_
# 유명골프광 K회장 골프내기로 인출한 현금 상속인들에게 입증요구

## | CASE

S골프장의 대표이사 K회장은 유명골프광이었다. 평상시 타당 10만원의 내기 골프를 즐기면서 자기는 골프장에서 죽는 것이 소원이라 늘 말하곤 했다. 호탕한 K회장은 인생의 무상함을 깨닫고 많은 골프친구들을 만나기 시작했다. K회장은 일년에 한번씩 친구 11명을 골프장에 초청해 골프를 즐기곤 했다. 작년 한참 더운 여름날 K회장은 제15번째 홀 Par3에서 홀인원을 하면 친구에게 각각 3억원씩을 주겠다고 약속하고 기적같은 홀인원을 하였다. K회장은 매우 당혹스러웠지만 약속을 지키기 위해 33억원을 현금인출해 나누어 주었다. 올해 K회장은 건강이 급속도로 악화되었고 친구들은 연락이 되지 않은 채 쓸쓸한 죽음을 맞았다.

## | Taxation

국세청은 K회장의 상속세 조사를 진행하던 중 최근 2년 이내에 은행에서 대규모의 현금인출을 확인하였다. 33억원의 현금의 인출에 대해 상속인들에게 소명을 요구하였으나 K회장의 부인은 미치고 환장할 노릇이었다. 살아 생전 친구들하고 내기 골프를 치면서 논다는 소리는 들었지만 돈의 행방은 아무리 찾아도 알수 없는 노릇이었다. 국세청은 소명하지 못한 33억원을 상속재산으로 간주하고 상속세 17억원을 추가고지 하였다.

## Tax Tip

일반적으로 상속이 발생되면 피상속인의 통장거래내역을 소급하여 10년간 스크린하게 된다. 과세관청은 상속일로부터 소급하여 2년 이내의 현금인출이 발견되면 상속인들에게 사용처 입증을 요구하게 되고 입증하지 못하면 상속추정을 적용하여 과세한다. 즉 상속인이 해당 거래내역을 알 수 없어 해당금액의 사용처를 구체적으로 소명하지 못하면 해당금액을 상속받지 않았음에도 불구하고 상속재산으로 추정하여 과세하는 것이다. 상속추정 규정은 전적으로 상속인에게 입증책임을 부여하고 있어 주의가 요구된다. 평소 금융거래 내역을 면밀하게 기록하고 재산처분금액이나 예금인출액 등에 대해서는 거래상대방, 지출근거가 되는 계약서 등 관련 증빙자료를 잘 보관할 필요가 있다.

| 대상기간 | 인출 현금등 입증책임 |
| --- | --- |
| 사망일로부터 소급하여 2년 이내 | 상속인이 입증책임 |
| 사망일로부터 소급하여 2년 이전 | 과세관청이 입증책임 |

## Tax Law & regulations

■ 용도가 객관적으로 명백하지 아니한 경우에 상속세과세가액에 산입함

현행 「상증법」 제15조에서 피상속인이 재산을 처분하여 받은 금액이나 재산

에서 인출한 금액이 ① 상속개시일 전 1년 이내에 재산종류별로 계산하여 2억원 이상인 경우와 ② 상속개시일 전 2년 이내에 재산종류별로 계산하여 5억원 이상인 경우로서 용도가 객관적으로 명백하지 아니한 경우에 이를 상속받은 것으로 추정하여 상속세 과세가액에 산입하도록 규정하고 있는「상증법」제15조는 과잉금지원칙에 위배되어 청구인의 재산권 등을 침해한다고 할 수 없음(헌재 2010헌바342, 2012. 03. 29)

■ 상속추정에 대한 국세청 업무집행 기준

15-11-4【용도가 객관적으로 명백하지 아니한 경우】

① 피상속인이 재산을 처분하여 받은 금액이나 피상속인의 재산에서 인출한 금전 등 또는 채무를 부담하고 받은 금액을 지출한 거래상대방이 거래증빙의 불비 등으로 확인되지 않는 경우

② 거래상대방이 금전 등의 수수사실을 부인하거나 거래상대방의 재산상태 등으로 보아 금전 등의 수수사실이 인정되지 않는 경우

③ 거래상대방이 피상속인과 특수관계에 있는 자로서 사회통념상 지출사실이 인정되지 않는 경우

④ 피상속인이 재산을 처분하거나 채무를 부담하고 받은 금전 등으로 취득한 다른 재산이 확인되지 않는 경우

⑤ 피상속인의 연령·직업·경력·소득 및 재산상태 등으로 보아 지출사실이 인정되지 않는 경우

# 05_
## P회장 하와이 치매병원비
## 오히려 아들에게 증여세 고지

**| CASE**

전선제조회사 D사의 P회장은 최근까지 치매 증상과 폐암으로 힘겨운 나날을 보내고 있었다. 다행히 P회장의 장남이 지극히 효자인지라 지극정성으로 간병을 하였다. 치매치료는 하와이 병원이 가장 좋다는 주위의 이야기를 듣고, 제임스라는 병원에이젼시 브로커에게 부탁하여 하와이 종합병원에서 두 달간 치료 받기도 하였다. 병원비는 의료보험이 없어 장남이 본인 돈으로 제임스에게 5억원을 주었지만 실질 병원비는 얼마인지 몰랐다. 또한 아버지가 의식이 없는 상태라 간병인 두명을 고용하면서 매달 5백만원씩 2년간에 1억 2천만원이 지출되었다. 장남은 작년 사업자금이 급박하게 필요하여 기존에 지출한 병원비 5억원과 간병비 1억 2천만원을 아버지 통장에서 본인 계좌로 이체하였다.

**| Taxation**

국세청은 D회장의 상속세를 조사하던 중 상속개시일 3년 전에 D회장의 통장에서 장남에게 6억 2천만원이 이체된 사실을 확인하고 소명을 요구하였으나 장남은 병원비로 본인이 대납하였다라고만 주장할 뿐 정확한 병원비 지출내역 증빙을 제출하지 못하고 있다. 병원비를 대납해준 제임스가 연락이 두절이기 때문이다. 과세관청은 하와이 병원에서 확인된 병원비 1억원을 제외하고는 5억 2천만원을 사전증여로 보아 증여세를 고지하고 다시 합산하여 상속세를 고지하였다.

## Tax Tip

과세관청은 상속세 조사 시 금융자료의 흐름을 면밀히 검토하게 된다. 상속인이 편의상 피상속인의 병원비를 선 지출하고 정산하여 이체를 하게 되면 향후 증여세 논란을 발생시킨다. 또한 사전증여금액에 대한 피상속인의 병원비 지출내역, 지출경위 등을 상속인이 입증하여야 하므로 굉장히 복잡한 문제가 생긴다. 따라서 피상속인의 병원비·간병비등은 피상속인의 계좌에서 지출하거나 신용카드로 결제하도록 해야 한다. 해외병원 입원을 위해서 중간 브로커가 개입하는 경우 자금흐름을 입증하지 못하여 예상치 못한 세금이 발생될 수 있으므로 주의한다. 또한 간병인이 중국동포일 경우에는 여권사본이나 수령확인서 등을 반드시 확보하여야만 한다.

..............................

## Tax Law & regulations

■ 상속개시일 전 피상속인의 계좌에서 청구인의 계좌로 입금된 금액에 대하여 청구인이 지출한 피상속인의 부양생활비, 병원비 등을 상환 받은 것임에도 증여세를 부과한 처분은 잘못이라는 청구주장의 당부

피상속인의 생활비와 치료비 및 간병비용 등으로 사용되었으나 지출편의를 위해 청구인 계좌에 이체하여 사용한 것이라 주장하나, 당시 치료비 영수증, 간병인 신원정보와 간병비 지급액과 지급방법 등 주장내용을 객관적으로 입증할 서류는 제시하지 못하고 있고 피상속인의 계좌에서 금전이 인출되어 청구인의 계좌로 이체된 후 사업자금 등으로 사용된 것으로 조사된 반면 청구인이 이를 피상속인의 생활비 등으로 사용하였다고 인정하기 어려운 것으로 판단됨(조심 2012중5254, 2013. 04. 02)

# 06_
## 골프장 비밀벙커에 숨겨둔 금괴·달러등
## P회장 사망 후 5년 뒤 끝내 국세청에 덜미

**CASE**

S골프장 K회장의 사망 후 골프내기로 친구들에게 간 현금에 대해 상속인들이 사용처를 입증하지 못하여 상속세를 추징받았다는 소문을 듣고 K회장의 친구인 P회장은 생전에 통장에 있는 재산을 정리하여 대부분 골드바와 달러로 바꾸었다. K회장처럼 골프장을 운영하던 P회장은 15홀 근처 벙커홀 옆에 대규모로 지하벙커 공사를 한 후 재산을 은닉하였다. 현행 상속세법 규정이 현금 인출 후 2년 이상만 살면 재산의 인출에 대해서는 국세청이 인출액에 대해 입증하여야 한다는 조언을 전문가로부터 들었기 때문이었다. K회장의 어리석음을 술자리에서 늘 이야기 하던 P회장은 3년 후 자녀들에게 은닉재산에 대하여 유언을 한 후 사망하였다.

**Taxation**

국세청은 P회장의 상속세 조사를 진행하던 중 사망 전 3년전에 대규모의 현금 인출을 확인하였다. 상속조사 당시에는 현금 50억원의 행방을 찾을 수 없었지만 최근 상속인들이 은행차입금을 대규모로 상환하였고 부동산을 구입한 사실을 확인한 후 소명요구를 한 후 누락된 상속재산 50억원을 밝혀내고 상속세 및 가산세 35억원을 추가로 고지하였다.

## Tax Tip

과세관청이 피상속인의 현금인출에 대하여 사용처를 못밝혀 상속세를 과세하지 못하는 경우에도 30억원 이상 고액상속인의 경우에는 주요 재산의 증가에 대한 사후관리를 하고 있음에 유의해야 한다. 또한 상속재산에 관련된「부채 상환에 대한 해명자료 제출 안내문」을 상속인들에게 지속적으로 요구하게 된다. 만약 상속세 조사 이후 사후관리 요건에 해당하여 국세청의 확인결과 당초 누락된 상속재산으로 부채를 상환하였거나 부모가 자녀의 부채를 상환해 준 경우 등 사실이 발견되면 상속세를 재조사하여 누락된 상속세 및 증여세를 추가로 부과하게 된다. 이 경우 은닉된 상속재산에 대하여는 누락된 상속세액의 40%에 해당하는 신고불성실가산세가 추가로 계산되어 거액의 세액을 추가로 납부해야 함에 유의해야 한다.

## Tax Law & regulations

■ 상속세및증여세 사무처리규정 제46조 [고액상속인의 사후관리]

지방국세청장(조사담당국장) 또는 세무서장(재산세과장)은 법 제76조제5항의 고액상속인에 대하여 연 1회 이상 자체 계획을 수립하여 사후관리 하여야 한다.

| 사후관리 요건 | ① 결정된 상속재산의 가액이 30억원 이상인 경우로서 ② 상속개시일부터 5년이 되는 날까지의 기간 이내에 ③ 상속인이 보유한 부동산, 주식, 금융재산, 서화, 골동품, 그 밖에 유형재산 및 무체재산권 등의 가액이 ④ 상속개시 당시에 비하여 크게 증가한 경우에는 그 결정한 과세표준과 세액에 탈루 또는 오류가 있는지 조사하여야 한다. |

# 07_
## 피보험자를 남편으로 한 생명보험 배우자에게 예상치 못한 상속세 고지

**| CASE**

남편을 의사로 두고 있는 배우자 E는 남편 A를 피보험자로 하고 계약자·수익자를 본인으로 하는 종신보험 20억짜리를 계약하고, 남편 의사로부터 받은 생활비로 생명보험료를 납부하였다. 계약자와 수익자가 본인이기에 남편이 사망하여 생명보험금이 나오더라도 상속재산에 포함이 안된다는 주위의 조언을 들었기 때문이었다. 그 이후 남편은 해외학술연구로 해외 출장 중 비행기안에서 심장마비로 숨졌고 사망보험금 20억원은 배우자에게 지급되었다.

**| Taxation**

국세청은 피상속인인 A의 상속세를 조사하던 과정 중 A씨가 피보험자로 설정되고 계약자 및 수익자가 배우자 E로 되어있는 보험계약이 있는 것을 발견하고 배우자에게 보험료 납입에 대한 자금출처를 요구하였다. 배우자는 생활비는 증여의 과세대상이 아니기 때문에 생활비를 절약하여 보험료로 납부하였다고 소명하였다. 이에 국세청은 최종보험금 20억원에대해 상속재산으로 상속세 및 가산세 10억원을 추가적으로 고지하였다.

## Tax Tip

현행 우리나라 세법은 ABA 형태의 보험계약의 보장차익에 대하여는 소득세를 과세하지 않는다. 단 계약자 A가 반드시 직접적인 소득(Active Income)으로 보험료를 납입하여야 한다. 직접적인 소득이란 본인이 자력으로 발생한 사업소득 근로소득 등을 말한다. 납입보험료를 증여받거나 증여받은 원본으로 창출한 소득(Passive Income)으로 납입한 보험계약은 향후 보험차익에 대해 추가적으로 상속세를 과세한다. 위의 사례처럼 생활비도 가사생활을 위하여 소진되면 증여세 과세대상이 아니지만 생활비를 적립한다거나 보험을 가입하는 경우에는 증여재산으로 본다.

..........................

## Tax Law & regulations

■ 증여받은 금전 등으로 취득한 부동산임대소득으로 보험료를 납입하는 경우 추가적인 상속세 과세

증여받은 금전 등으로 취득한 재산의 임대소득으로 보험료를 불입하는 자가 보험사고 발생 시 보험금을 수취하는 경우 보험금 상당액에서 당해 보험료불입액을 차감한 가액을 당초 금전 등을 증여한 자가 보험금수취인에게 증여한 것으로 보아 증여세를 과세하는 것임(서일46014-11945, 2003. 12. 31)

# 08_
## 상속인이 퇴직금포기 각서 적었더니 오히려 상속세 고지

### CASE

경기도의 건설회사 L사 대표이사는 10년 전 회사의 퇴직금 규정을 정비하면서 향후 본인이 20년 이상 회사에 근무시 정상적인 퇴직금보다 10배 정도를 더 받아갈 수 있도록 설정하였다. 그 이후 회사가 어느 정도 성장하더니 갑작스런 부동산 경기침체로 인하여 회사경영 사정은 나빠졌다. L사의 대표이사는 최근 건강이 좋지 않아 어차피 받지도 못할 퇴직금을 회사와 협의하여 퇴직금을 포기한다는 각서를 제출하였고 이에 회사는 채무면제이익으로 계상하였다. 그 이후 사우디 건설 수주에 참여하기 위하여 해외 출장을 가던 중 교통사고로 사망하였다.

### Taxation

국세청은 L사의 대표이사의 상속세를 조사하면서 L사의 법인계정과목을 분석한 결과 상속개시 전 5년 이내에 퇴직금 포기액이 채무면제이익으로 기록되어 있는 것을 발견하고 피상속인이 생전에 포기한 퇴직금 약 16억원에 대하여 상속인이 아닌자에 대한 5년 이내 사전증여한 재산으로 보아 피상속인의 상속재산에 합산하여 상속세 및 가산세를 추가적으로 4억을 고지하였다.

## Tax Tip

대표이사의 사망으로 발생하는 회사의 미지급퇴직금·미지급임금·가수금등은 상속재산에 포함된다. 퇴직금등을 포기하여 5년 이내 사망하게 되면 사전증여재산에 해당이 되어 상속재산에 포함되므로 대표자의 사망 전 〈주주총회를 통한 정관변경〉을 통하여 퇴직금 지급배수를 조절하는 것이 중요하다.

법인부채계정의 상속재산 포함여부

| 회사 | 항목 | 상속재산평가 |
|---|---|---|
| 법인채무면제이익으로 법인세과세 | 상속개시 5년 전 미지급퇴직금 포기 | 사전증여재산에 해당 |
| | 상속개시 후 미지급퇴직금포기 | 상속재산에 해당 |

## Tax Law & regulations

■ 대표이사 사망시 포기한 퇴직금 상속재산 포함여부

이 건의 경우 피상속인이 2010. 11. 30. 쟁점퇴직금을 포기한 후 5년 이내인 2011. 5. 27. 상속이 개시되었고, 이 건 법인은 이에 대하여 채무면제이익으로 회계처리한 이상, 이 건 법인이 당해 채무(쟁점퇴직금)의 면제로 얻은 이익은 피상속인이 상속인이 아닌 자에게 증여한 재산가액으로 봄이 타당함(조심2013서2501, 2013. 09. 16)

# 09_
## 회사에 넣은 개인 대여금이 상속재산으로 추징

### CASE

당산지역 중견 자동차 부품 제조업체 P회장은 3년 전 회사의 자동화설비를 위하여 50억이 필요했다. 회사의 차입금이 존재하여 더 이상 부채를 발생시키기 어려워서 개인이 보유하고 있는 자금 50억원을 회사에 입금시켰다. P회장은 생전에 본인의 가수금을 회수하려고 하였으나 회사의 사정이 좋지 않아 차일피일 미루고 있었다. 그러던 중 P회장은 63세의 나이로 사망하게 되었다. 상속인들은 현재 회사사정이 굉장히 어렵고 부도 직전이라 향후 P회장의 대여금을 상속인들이 회사로부터 변제받지 못할 것으로 예상하여 상속재산에서 누락하고 상속세를 신고하였다.

### Taxation

국세청은 중견 자동차 부품 제조업체 P회장의 상속세를 조사하던 중 회사 재무제표에 기록된 대여금 50억원이 피상속인의 상속재산에서 누락되었음을 밝혀내고 상속인들에게 상속세 및 가산세 20억원을 추가로 과세하였다.

한편 국세청은 P회장의 대여금 내역을 면밀히 조사한 결과 법인 매출누락금액 수십억원이 개인통장으로 관리되었다는 사실을 발견하고 국세부과 제척기간 이내의 법인세 및 부가가치세 17억원을 법인에게 과세하고 추가적으로 소득세 20억원을 과세하였다.

### 대표이사 대여금 전표 조회내역

| 날짜 | 전표 | No | 입금은행 | 내역 | 입금 |
|---|---|---|---|---|---|
| 2012. 3. 11 | 회계대체 | 2 | 국민. 강남 | 주주차입금(P) | 1,000,000,000 |
| 2012. 4. 11 | 회계대체 | 1 | 국민. 강남 | 주주차입금(P) | 1,000,000,000 |
| 2012. 4. 12 | 회계대체 | 3 | 국민. 강남 | 주주차입금(P) | 1,000,000,000 |
| 2012. 4. 13 | 회계대체 | 5 | 국민. 강남 | 주주차입금(P) | 1,000,000,000 |
| 2012. 4. 14 | 회계대체 | 4 | 국민. 강남 | 주주차입금(P) | 1,000,000,000 |

## Tax Tip

대표이사가 법인에게 입금한 대여금은 대표이사 사망 시 상속재산에 포함된다. 상속세 조사 시 법인가수금의 자금출처조사를 통하여 법인매출누락 여부를 사후 검증하게 되므로 대표이사가 개인적인 금전을 대여금으로 입금하더라도 자금출처원을 반드시 고려하여야 한다. 또한 대표이사가 생전에 입금한 대여금이 현재 회사로부터 회수성이 불확실한 채권이라도 상속재산에 포함되므로 회사의 가수금을 자본전환하여 가업상속공제를 검토하여야 한다. 2012년 4월 「상법」 개정으로 주금의 상계금지제도가 폐지되어 유상증자시 신주인수인의 주금납입 채무를 기존 회사에 대한 가수금등의 채권과 상계 가능하다.

## Tax Law & regulations

■ 가수금 자본전환시 현물출자 가능 여부

「상법」 제421조는 "신주의 인수인으로 하여금 그 배정한 주수에 따라 납입기일에 그 인수한 각주에 대한 인수가액의 전액을 납입시켜야 한다"고 규정하고 있으며, 「상법」 제334조는 "주주는 납입에 관하여 상계로서 회사에 대항하지 못한다"고 규정하고 있는 바, 이러한 규정으로 인해 대표이사의 가수금을 신주발행에 따른 납입금과 상계함은 「상법」 상 불가능한 것이므로 가수금의 직접 출자전환은 법적으로 불가능했다. 그러나 2011년 4월 14일 「상법」 제334조가 삭제됨에 따라 2012년 1월 1일부터는 가수금의 자본전환이 가능하게 되었다.

# 10_
# 대표이사의 무상 가수금
# 특수관계자 주주들에게 증여세 고지

## CASE

순천지역 중견 선박부품 제조업체 R사의 A회장은 최근 5년 전 회사의 자동화 설비를 위하여 100억원의 개인부동산을 처분하여 회사에 입금하였다. 회사는 R회장의 개인자금을 단기차입금으로 처리하고 이자지급을 없는 것으로 약정하였다. 이자를 지급하게 되면 R회장의 이자소득세가 발생하여 소득세가 과다하게 나올 것 같았다. 회사가 이자를 주지 않기 때문에 회사는 오히려 이익이라 법인세 세무조사는 문제가 되지 않을 것 같았다. 주주 구성은 R회장이 30%, 배우자 30%, 장남A가 40%를 보유하고 있다.

## Taxation

국세청은 중견 선박부품 제조업체 R사를 조사하던 중 가수금의 규모가 100억원임을 확인하고 가수금 입금에 대한 자금출처조사를 하였지만 개인 부동산 매각대금으로 입금한 사실을 확인하고 부동산 취득과정에서도 자금출처가 별문제

없음을 최종 확정하였다. 하지만 대표이사가 이자(국세청 고시이자율 4.6%)를 지급받지 않으므로 법인은 연간 4억6천만원의 이익이 발생하였고 법인세를 차감한 약 4억원의 무상이익에 대해 배우자는 4억원의 30%인 1억 2천만원의 이익을 장남은 4억원의 40%인 1억 2천만원의 이익을 간접적으로 분여받았다하여 각각 분여받은 이익에 대하여 1억원을 차감하고 증여세를 고지하였다.

## Tax Tip

법인대표이사가 개인의 자금을 회사에 대여하면서 원칙적으로 이자를 계상하여 받을 수 있는 있으나 사채이자로 분류되어 이자소득에 대해 법인은 27.5% 원천징수를 하게 되고 수령하는 대표이사는 금융종합과세 문제가 발생한다. 따라서 일반적으로 이자를 지급받지 않는 약정을 한다. 이자를 지급받지 않더라도 법인세법상 부당행위계산부인의 제88조 규정을 적용하지 않기 때문이다. 하지만 이자를 지급받지 않으므로 발생하는 회사의 이익이 특수관계자 주주들에게 연간 1억원 이상 발생되었다면 1억원을 초과하는 금액은 증여세가 과세되므로 가수금의 규모를 자본전환 등으로 항상 조절할 필요가 있다.

## Tax Law & regulations

### ■ 금전 무상대출 등에 따른 이익의 증여

특수관계자가 특정법인에게 금전을 무상대부한 것에 대하여 당해 무상대부한 금전에 당좌대월이자율(4.6%)을 곱한 금액에 청구인(주주)의 주식비율을 곱하여 계산한 금액을 증여재산가액으로 하여 증여세를 부과한 처분은 적법함. 단 특정법인의 주주등이 증여받은 것으로 보는 경우는 특정법인의 이익에 특수

관계자 주주간 비율을 곱하여 계산한 금액이 매년 1억원 이상인 경우로 한정함(상증법 제45조의 5)

■ 금전 무상대출 이자를 사전증여재산으로 보아 상속재산에 합산하여 과세

피상속인이 쟁점채권을 차입하고 이를 쟁점법인에 금전채권으로 대여한 것으로 보는 것이 타당하고 달리 피상속인과 쟁점법인간의 이자지급을 약정하거나 지급한 사실이 없다면 「상증세법」 제41조의4의 '무상대출 등에 따른 이익의 증여'에 해당한다고 보이므로 처분청이 쟁점금액을 5년이내 사전증여재산으로 보아 상속세 과세가액에 포함한 과세처분은 달리 잘못이 없음(조심2018서4408, 2019. 03. 05)

# 11_
## 가지급금이 상속부채로 공제되지 않는다는 국세청의 거절

### CASE

　자동차부품을 제조하는 P사의 대표이사는 재무이사로부터 대표이사 가지급금이 27억이라는 보고를 받고 깜짝놀랐다. 평소에 회사자금을 개인적 목적으로 사용하기 위하여 일부 인출한 것과 유상증자시 회사에 증자대금을 일시에 납입하고 인출한 것이 있는 것은 사실이었다. 하지만 아무리 생각해도 본인이 가지고 간 가지급금이 27억이나 된다는 것은 잘 이해가 안되었다. 8년 전 회사가 어려울때 차입금 반환이 걱정되어 몇 년간 분식회계를 통하여 이익을 계상한 것도 가지급금에 포함된다는 재무이사의 보고는 참으로 어렵고 난해한 내용이었다. 이러한 가지급금을 정리하지 못한 상태로 P사의 대표이사는 안타깝게도 몇 년 뒤 심장마비로 해외에서 사망하였다. 대표이사의 상속인들은 기존의 재무제표상 기록된 가지급금 27억원을 피상속인의 자산에서 부채로 공제하여 상속세 신고를 하였다.

## Taxation

국세청은 P사의 대표이사의 상속세를 조사하면서 상속인들이 신고한 상속부채중 가지급금을 면밀히 검토한 결과 가지급금에 대한 약정서 및 이자지급내역, 회사에서 대표이사에게 대여한 자금흐름 등이 명확하지 않아 동 가지급금(단기대여금)을 상속인의 부채로 공제하지 아니하고 상속세 5억과 가산세 8천만원을 추가적으로 고지하였다.

## Tax Tip

법인을 경영하는 대표이사가 사망한 경우 대표이사의 가지급금이 상속인의 부채로 공제받기 위해서 사전적으로 부채를 확정하는 절차가 필요하다. 가지급금은 회사의 금전이 대표이사에게 흘러들어가서 차용관계가 성립되어야 하는데 일반적으로 금융자료가 확인이 안되고 발생이 모호한 가지급금이 많다. 이러한 경우 세무조사시 국세청은 상속인의 부채로 공제를 인정해주기가 어렵다. 한편 부채로 인정받지 못하더라도 비상장주식 평가시에는 자산으로 계상되어지므로 상속인들에게는 매우 불리한 상황이 도래한다. 따라서 가지급금에 대해서는 금융자료 흐름 및 약정서등을 공증하여 증거서류를 갖추어 놓고 변제시기, 이자율 등을 매년 이사회를 통하여 실질 가지급금을 확정하여야 한다.

..........................

## Tax Law & regulations

■ 가지급금의 상속부채공제여부 및 비상장주식평가시 포함여부

피상속인이 대표이사로 재직하였던 법인의 장부상 계상된 단기대여금과 관련하여 동 채무는 실제 피상속인에 대한 대여금인지 여부가 불분명한 것으로 보

고 상속세과세가액에서 차감하지 아니함. 또한 법인의 비상장주식평가시에는 가지급금을 제외하지 않고 자산에 포함하여 계산하는 것임(조심2012서4244, 2013. 09 24)

# 12_
## 9년 전 부모에게 차입했다는 차용증
## 이제 와서 차입금 변제사실에 대해 확인요구

### CASE

학원강사인 C는 9년 전 상가 구입자금 8억원을 엄마에게 빌리고 본인 돈 2억을 투자하여 10억원짜리 상가를 구입하였다. 주위 전문가로부터 도움을 받아 차용증을 작성하여 법률사무소에 공증하고 세법상 이자도 매월 지급하였다. 상가 구입에 대한 자금출처조사시 차용증 및 이자지급 내역으로 증여가 아님을 인정 받았다. 그 이후 9년 동안 문제가 없다가 갑자기 국세청으로부터 자금변제 사실에 대한 소명안내문을 받았다.

### Taxation

국세청은 학원강사의 소득세 성실신고여부를 검증 하던 중 C의 부동산 내역이 소득에 비하여 과다하다고 판단하고 증여세 신고여부를 검증하였으나 증여세 신고한 내역이 발견되지 않았다. 9년 전 모(母)로부터 8억원의 자금을 차용한 사실에 대해 국세청 내부 전산기록에 관리되어 있는 것을 확인하고 변제여부를 소명요구하였으나 원금반환 사실이 확인이 안되어 실질 증여로 판단하고 증여세 및 가산세 5억원을 고지하였다.

## Tax Tip

 특수관계자들간에 금전소비대차계약이 체결·이행되는 것은 일반적인 경우라고 볼 수 없으므로 그러한 사실을 인정하기 위해서는 합리적이고 납득할 만한 근거가 충분히 제시되어야 한다. 차용증과 이자지급내역서, 원금의 반환이 합리적이어야 한다. 최초 세무조사시 차용으로 인정받더라도 증여세의 부과제척기간은 10년이므로 향후 자금변제여부에 대하여 추가적으로 세무조사가 나올 수 있다는 것을 염두에 두고 실질적으로 이자 및 원금을 반환하여야 한다.

## Tax Law & regulations

### ■ 특수관계자간 금전차용 인정여부

 모자 사이에 공동으로 건물을 취득하면서 금전소비대차계약이 체결·이행되는 것은 일반적인 경우로 볼 수 없고, 그러한 사실을 인정하기 위해서는 합리적이고 납득할 만한 근거가 제시되어야 함에도 위 소비대차계약은 형식적으로 갖춘 외관에 불과하여 금전의 차용이 아닌 증여받았다고 봄이 타당함 (서울행법 2018구합2001, 2018. 12. 13)

# 13_
# 14년 전 토지보상금 80억,
# 자녀들에게 사전증여세 및 가산세 80억 고지

## | CASE

남양주에서 평생 배밭을 운영하였던 B씨는 신도시가 들어오면서 토지보상으로 80억원을 수령하였다. 토지보상금이 들어오자 자녀들이 찾아와 사업자금 명목으로 이리저리 돈을 빌려가면서 형식적인 차용증만 작성하였다. 자녀들의 계속적인 금전 요구에 결국 80억 전액을 자녀들에게 빼앗긴 후 쓸쓸히 사망하였다. 자녀들은 상속재산에 합산되는 사전증여 재산은 10년 이므로 14년 전 가져간 돈은 별 문제가 없을 것이라 생각했다.

## | Taxation

국세청은 B씨의 상속세 신고를 검토하던 중 14년 전에 남양주 배밭 토지보상금 80억원을 수령한 사실을 확인하였다. 금융자료를 추적한 결과 자녀들이 B씨가 받은 토지보상금 80억원으로 부동산 구입 및 사업자금으로 사용한 사실들을 전부 확인하고 증여세 부과제척기간 15년을 적용하여 증여세 및 가산세 80

억원을 고지하였다. 신고불성실 가산세 40%이외에 14년간 납부불성실 가산세가 약40억이었다.

## Tax Tip

 증여세의 부과제척기간은 일반적으로 10년이지만 무신고나 고의적으로 은닉한 경우 증여세 부과제척기간은 15년이다. 또한 납세자가 부정한 행위로 증여세를 포탈한 경우로서 증여재산이 50억 초과인 경우에는 과세관청이 안 날로부터 1년 이내에 언제든지 증여세를 과세할 수 있다. 이외에도 신고불성실 가산세 이외에 납부불성실 가산세(연리 9.125%)가 수년간 상당한 금액이 된다. 토지보상금 지급내역은 국세청 내부 전산에 관리되므로 사전증여는 반드시 향후 문제가 됨을 주의하여야 한다.

## Tax Law & regulations

■ 국세기본법 제26의2 국세의 부과제척기간

① 상속세 · 증여세의 부과제척기간은 국세를 부과할 수 있는 날부터 10년으로 하고, 다음 각 호의 어느 하나에 해당하는 경우에는 15년으로 한다.
  1. 납세자가 부정행위로 상속세·증여세를 포탈하거나 환급·공제받은 경우
  2. 「상속세 및 증여세법」 제67조 및 제68조에 따른 신고서를 제출하지 아니한 경우
  3. 「상속세 및 증여세법」 제67조 및 제68조에 따라 신고서를 제출한 자가 대통령령으로 정하는 거짓신고 또는 누락신고를 한 경우

② 납세자가 부정행위로 상속세 · 증여세를 포탈하는 경우로서 다음 각 호의

어느 하나에 해당하는 경우 과세관청은 제4항에도 불구하고 해당 재산의 상속 또는 증여가 있음을 안 날부터 1년 이내에 상속세 및 증여세를 부과할 수 있다. 다만, 상속인이나 증여자 및 수증자(受贈者)가 사망한 경우와 포탈세액 산출의 기준이 되는 재산가액이 50억원 이하인 경우에는 그러하지 아니하다.

1. 제3자의 명의로 되어 있는 피상속인 또는 증여자의 재산을 상속인이나 수증자가 취득한 경우
2. 계약에 따라 피상속인이 취득할 재산이 계약이행기간에 상속이 개시됨으로써 등기·등록 또는 명의개서가 이루어지지 아니하고 상속인이 취득한 경우
3. 국외에 있는 상속재산이나 증여재산을 상속인이나 수증자가 취득한 경우
4. 등기·등록 또는 명의개서가 필요하지 아니한 유가증권, 서화(書畵), 골동품 등 상속재산 또는 증여재산을 상속인이나 수증자가 취득한 경우
5. 수증자의 명의로 되어 있는 증여자의 「금융실명거래 및 비밀보장에 관한 법률」 제2조 제2호에 따른 금융자산을 수증자가 보유하고 있거나 사용·수익한 경우

# 14_
## 가업상속 공제 후 재무이사의 판단 잘못으로 상속세 100억 추징

### CASE

L회사의 대표이사가 사망하고 차남인 F는 가업을 물려받았다. 상속세 신고시 기업상속공제 200억원을 적용받아 상속세 부담을 줄였다. 가업상속공제 받은 회사에 단기차입금이 존재하여 기업의 신용도에 안 좋은 영향을 미친다고 재무이사가 기업의 부동산을 처분하여 차입금을 변제하자고 건의하였다. 차남 F는 아무생각 없이 결제하였다.

### Taxation

국세청은 L회사의 법인세 세무조사시 L회사가 가업상속공제를 받았다는 사실을 확인하고 사후관리 위반사유가 없는 지 검토 중 가업상속공제 2년 후 사업용자산을 매각하여 차입금을 변제한 사실을 확인하고 가업상속공제 사후관리 위반으로 공제액 200억원을 취소하고 상속세 및 가산세 100억원을 과세하였다.

| Tax Tip

위의 사례는 재무이사의 예상치 못한 실수에 어마어마한 상속세를 추징받은 사례이다. 가업상속 사후관리 위반은 회사가 회생절차로 폐업을 하더라도 위반 사유가 발생하며 가업상속인이 가업상속 이전 실질 근무를 하지 않고 해외연수 등이 발견되어도 추징사유가 된다. 따라서 가업상속공제를 받은 기업은 사후관리 규정에 대해 반드시 전문가들에게 사전문답을 구하여야 한다.

..........................

| Tax Law & regulations

■ 부동산을 처분하여 차입금을 변제하더라도 20% 이상 처분자산 사후관리 요건 위반에 해당

당초 건설업 또는 부동산 임대업 등에 공하던 쟁점부동산을 처분하고 새로운 업종인 숙박업에 사용되는 부동산 취득자금과 관련된 대출금을 상환하였으므로 처분자산과 같은 종류의 자산을 대체 취득하여 가업에 계속 사용하는 경우에 해당한다고 보기도 어려운 점 등에 비추어 청구주장을 받아들이기 어려운 것으로 판단됨(조심2018부4481, 2019. 01. 28)

# 15_
## 현물출자 대신 영업권만 평가하여 법인전환, 돌아오는건 가업상속공제부인

### CASE

충남 공주에서 연간 50억대 홍삼제조업을 하는 H사 대표이사 P는 5년 전 개인사업자였지만 성실신고확인제가 도입된다는 이야기를 듣고 사업용부동산 및 토지는 개인소유로 하고 홍삼제조 영업권만 10억으로 감정평가하여 현물출자 방식으로 법인전환하였다. 홍삼을 제조하는 H사는 토지와 건물 소유주인 대표이사에게 매월 부동산 임대료를 세법상 적정하게 평가하여 지급하여 왔다. 이후 H사의 대표이사는 건강이 악화되어 투병생활을 하던 중 법인전환 후 9년이 지나 사망하였다. 이에 장남 P는 상속세 신고 시 부모님이 홍삼제조업을 약15년간 하였고 장남도 5년 전부터 아버지의 회사소속에서 가업준비를 해왔기 때문에 H사지분 전부를 상속받으면서 가업상속공제를 적용하여 신고하였다.

### Taxation

국세청은 H사 대표이사 P의 상속세 신고서를 검토하던 중 약 9년 전 개인사업자로 홍삼제조업을 하다가 영업권만 승계하여 H사로 법인전환 된 사실을 발견하였다. 가업상속공제는 개인기업과 법인기업을 통산하여 최소한 가업영위 기간이 10년 이상이어야 하나 단순히 영업권만을 평가하여 신규법인을 설립한 사실을 파악하였기에 가업상속공제를 부인하고 상속세 및 가산세 23억원을 추징하였다.

| Tax Tip

개인기업 법인전환시 사업자가 노령일 경우 현물출자방식은 가급적 피하도록 한다. 사업용 토지나 건물을 감정평가하여 현물출자하여야 하므로 상속재산가액이 증가하게 되어 상속세 부담이 가중된다. 이러한 경우 빠른 법인전환은 영업권만 평가하여 법인에게 매각하는 것이다. 단 가업상속공제를 염두에 두고 있다면 사업용 토지 및 건물을 포함하여 법인전환하여야만 업력을 인정받을 수 있다.

| 영업권 양도시 | 양도방법 | 소득구분 |
|---|---|---|
| 사업용고정자산과 양도 | 현물출자 또는 포괄양수도 | 양도소득 |
| 영업권 단독양도 | 일부양수도 | 기타소득(60%)경비인정 |

| Tax Law & regulations

■ 영업권 소득구분

제조업자가 사업양도시 영업권(점포임차권 포함)의 양도소득은 기타소득에 해당하나 사업용 고정자산과 함께 양도시 양도소득에 해당하며, 법인이 양수받은 영업권은 무형자산으로 계상하여 5년간 감가상각함(서면1팀-1630, 2007. 11. 30)

■ 개인사업자 일부 법인전환시 가업영위기간 산정방법

「상속세 및 증여세법」 제18조 제2항 제1호를 적용할 때 개인사업자로서 영위하던 가업을 폐업하고 같은 장소에서 법인을 설립하여 동일업종을 영위하는 경우로서 법인전환에 해당하지 않거나, 개인사업의 사업용 자산의 일부를 제외하고 법인전환시 개인사업자로서 가업을 영위한 기간은 포함하지 않는 것임(서면법규-1179, 2014. 11. 7)

# 16_
# 명의신탁주식 찾아오지 못하면
# 상속분쟁으로 압류

## | CASE

광주지역에서 건설시행을 하는 P사 대표이사는 명의신탁주식 때문에 머리가 아프다. 10년 전 회사 설립시 상법 규정 때문에 주식 일부를 처남과 매제 앞으로 해 둔 것이 화근이다. 최근 3년간 성공적인 시행사업으로 인하여 회사의 가치가 수백억대로 상승되었는데 처남과 매제는 본인들이 이 회사 주주인지 조차 알지 못하고 있다. 만약에 사업하는 처남에게 무슨 일이 생긴다면 P사 지분에 대해 압류가능성도 존재한다고 들었다. 설상가상 매제는 현재 건강이 좋지 않은 상황이라 상속문제가 발생되면 더욱 더 복잡한 문제가 생길 수 있다.

## | Taxation

국세청은 P사 대표이사의 매제가 사망함에 따라 상속세 조사를 개시하였고 매제의 상속인들은 피상속인의 소유로 된 P사의 주식이 실질 소유주가 아니라고 주장하였으나 국세청이 P사의 주주명부를 조사한 결과 회사설립 초기부터 피상속인이 주주로 등재되어 있었고 오히려 명의소유자라고 주장하는 P사 대표이사는 회사설립시 주주로 등재되어 있지 않았다. 명의신탁에 대한 명확한 증거서류가 없어 국세청은 P사 매제 지분 주식평가액 90억원에 대하여 상속세 및 가산세 30억원을 과세하였다.

## Tax Tip

명의신탁주식은 조기에 권리확정을 하는 것이 매우 중요하다. 하지만 명의신탁주식임을 입증할 수 있는 서류가 명확한 경우는 흔하지 않다. 단순한 명의신탁 확인서로만 명의신탁주식을 주장할 수 없다. 실질 명의신탁을 하게 된 배경, 명의신탁 확인서, 배당금의 실질 사용처 등 사전에 명의신탁임을 입증할 수 있는 증거서류를 갖추고 「주식반환이행 청구소송」등을 활용하여 주식반환 행위를 하여야 한다.

명의신탁주식 입증서류

| 구분 | 내용 |
| --- | --- |
| 회사설립시 자본금 납입주체 | 명의신탁자 납입 금융자료확보 |
| 유상증자시 유상증자대금 납입주체 | 명의신탁자 납입 금융자료확보 |
| 배당시 배당금의 귀속주체 | 배당금 실질귀속 금융자료확보 |
| 주식반환이행청구소송 | 판결문 확보 |

## Tax Law & regulations

■ 명의도용으로 실질 본인 주식이 아니라는 것에 대한 입증

주식등변동상황명세서 등에 의하여 청구인이 쟁점법인의 과점주주인 점이 나타나는데 반해 청구인의 명의가 도용당하였다는 사정을 객관적으로 입증할 수 있는 자료는 제출되지 아니한 점 등에 비추어 당해 주식이 명의신탁이라는 주장을 받아들이기 어려움(조심2019인4345, 2020. 07. 14)

# 17_
## 차명주식 분산양도 실질과세원칙 적용, 하나의 거래로 간주

**| CASE**

L회사의 최대주주 A는 최근에 10년 전 친구에게 명의신탁된 주식을 액면가로 A, 배우자B, 자녀C에게 쪼개어 이전해왔다. 현행 세법상 특수관계자만 아니면 3억원 이하까지는 저가로 매매하더라도 양수자에게 증여세가 과세되지 않는다고 들었기 때문이다. 양도자, 양수자 각각 이 규정이 적용되므로 최대주주 A는 배우자 및 자녀를 활용하여 차명주식 약 10억원을 회수하였다.

**| Taxation**

국세청은 L회사의 최대주주 A와 배우자 및 자녀의 주식변동조사를 검토하던 중 저가양도로 지분이 쪼개져서 이동된 점을 수상히 여겨 자금흐름 등을 조사한 결과 실질 하나의 거래이나 제3자를 통한 간접적인 방법으로 2 이상의 행위 또는 거래를 거치는 방법에 의하여 증여세를 부당하게 감소시킨 것으로 인정하여 증여세 및 가산세 1억 7천만원을 고지하였다.

## Tax Tip

　비특수관계자간의 저가양수도시에는 양도소득세법상 부당행위계산부인이 적용되지 않으며 증여세법상 시가와 대가와의 차이액이 3억원까지는 허용된다. 특수관계자간 거래에서는 양도소득세법상 시가와 대가와의 차이액이 5%를 초과하는 경우 부당행위계산부인이 적용되며 증여세법상 시가와 대가와의 차이가 3억원 이하라도 30% 범위를 벗어나는 경우 증여세가 적용된다.

저가양수도시 세금문제

| 저가양수도시 | 양도소득세 | 증여세 |
| --- | --- | --- |
| 특수관계자 | 5% RULE | 30% 또는 3억원 RULE |
| 비특수관계자 | 해당없음 | 3억원 RULE |

## Tax Law & regulations

■ 저가양수도를 활용하여 분산양도하는 경우 하나의 거래로 간주

　「상속세 및 증여세법」 제35조 제2항의 규정에 의하여 특수관계 없는 자간에 거래의 증여재산가액은 양수 또는 양도할 때마다 양수자별, 양도자별로 산정하는 것이나 제3자를 통한 간접적인 방법이나 2 이상의 행위 또는 거래를 거치는 방법에 의하여 증여세를 부당하게 감소시킨 것으로 인정되는 경우에는 그 경제적인 실질에 따라 당사자가 직접 거래한 것으로 보거나 연속된 하나의 행위 또는 거래로 보아 증여재산가액을 산정하는 것임(서면4팀-3117, 2006. 09. 12)

■ 퇴직한 임직원의 특수관계자 해당여부

대표이사의 자녀와 퇴직 후 5년이 경과하지 아니한 임원은 특수관계인에 해당하고 2014. 2. 21 이후 상속세 또는 증여세를 결정하는 분부터 퇴직 임원 중 사외이사는 특수관계인에서 제외되는 것임(상속증여-97, 2014. 04. 17)

# 18_
## 배우자가 상속받은 주식 총평균법 소각으로 보아 소득세 15억 추징

### CASE

제조업 K사의 대표이사 P는 10년 전 철강업체를 인수 후 갖은 연구와 노력 끝에 국내에서 특수철강 분야에 손꼽히는 기술력을 지닌 회사를 만들었다. 가업상속공제 제도가 까다로운 우리나라 현실을 볼 때 대표이사 P는 생명보험금으로 상속세 재원 약40억원을 확보할 수 있다는 이야기를 주위로 들었다. 개인적인 자금이 부족한 상태이고 회사의 잉여금만 쌓여져 있는 상태라서 회사 명의로 생명보험계약을 하였다.

### Taxation

국세청은 제조업 K사의 대표이사 P의 상속세 조사를 진행하던 중 배우자가 대표이사 P의 주식을 상속받아 이익소각하여 회사의 자금 40억원을 인출한 사실을 확인하였다. 이익소각의 절차는 문제가 없어 보였으나 기존에 배우자가 소유하고 있는 액면가 5천원 주식과 상속시 평가한 주식 11만 5천원의 총평균가액 6만원으로 이익소각한 것으로 간주하고 이익소각액과 총평균가액의 차액에 대하여 의제배당으로 소득세 15억원을 과세하였다.

## Tax Tip

사망보험금이 회사로 입금되면 사망당시 주식평가액은 시가로 높아지게 된다. 상속세 신고시 시가로 상속받은 주식을 신고하게 되면 상속받은 주식의 취득가액과 이익소각하는 주식의 가액이 동일하여 의제배당문제가 발생하지 않는다. 주의할 점은 기존의 배우자가 주식을 액면가로 소유하고 있는 경우 미리 이사회의결등을 통하여 특정주식을 이익소각한다는 내용을 확인하여 두어야 한다. 주권을 미리 교부받아 배우자의 기존주식과 상속받은 주식을 구분하여 두는 것도 좋은 방법이다.

## Tax Law & regulations

■ 유상감자된 주식이 상속받은 특정주식으로 보기 어려움

유상감자된 주식이 상속으로 취득한 주식으로 특정되었다고 보기 어렵고, 의제배당에 따른 소득금액 계산 시 총평균법에 의하여 취득가액을 산정하여야 함 (서울고법2019누41425, 2019. 12. 20)

# 19_
## 매매대금은 30년간 나누어서 받는 은밀한 절세비법에 증여세 40억 고지

### CASE

나이가 들어 언젠가는 자녀들에게 부동산을 물려줄 것을 고민하던 중 골프친구 P로부터 개인부동산을 법인전환하여 지분을 자녀들에게 양도하는 절세비법을 들었다. 법인전환하고 지분을 49%이내에서 양도를 하되 지분양도 대금을 30년간 나누어서 받으면 자녀가 발생하는 임대수익으로 양도대금을 충분히 변제할 수 있으므로 자금출처조사까지 피할 수 있다라는 것이었다. 그 이후 B회장은 친구의 말대로 모든 것을 진행한 후 폭염이 한창이던 작년 8월 골프장에서 심장마비로 숨졌다.

### Taxation

국세청은 B회장의 상속세를 조사하던 과정 중 B회장의 부동산임대 법인의 지분을 자녀가 30년간 매매대금을 지급하기로 한 계약서를 입수하고 미지급양도대금 100억에 대하여 특수관계자간의 정상적인 매매내용이라 볼 수 없어 차용관계를 부인하고 미지급 양도대금 100억에 대하여 증여세 40억원을 고지하였다.

## Tax Tip

부동산임대법인을 법인전환하는 경우 반드시 고려하여야 할 사항은 소득세보다 상속세 측면이다. 현물출자로 법인전환하게 되면 부동산을 감정 받아 현물출자하므로 상속재산가액이 급격하게 증가될 수 있다. 부동산자산을 현물출자하여 법인전환하는 경우 양도소득세 이월과세를 유지하기 위해서는 법인의 지분을 50%이상 양도하거나 증여해서는 안되며, 설령 법인지분을 50% 이하로 자녀에게 이전하더라도 장기간의 양도로 처리하는 경우 미지급금에 대한 이자를 증여로 보아 증여세가 과세되거나 계약 자체를 부인당하여 거래금액 전체에 대하여 증여세가 고지 되므로 주의하여야 한다.

## Tax Law & regulations

■ 장기할부조건으로 양도하는 경우 증여의제 규정 적용 여부

특수관계에 있는 자로부터 비상장주식을 장기할부조건으로 양수하는 경우로서 산정기준일을 경과하여 지급하기로 한 금전이 양도의 대가에 해당하는지 여부 및 그 금전을 양도자로부터 무상으로 대부받은 것으로 볼 것인지 여부는 실제 계약내용 및 그 거래조건 등이 건전한 사회통념 및 상관행상 적정한 것인지 여부 등 구체적인 사실관계를 확인하여 판단할 사항임(서면4팀-2155, 2005. 11. 11)

# 20_ 부모챤스 결혼식 축의금 증여세 추징

## CASE

사랑하는 딸 A를 시집보내면서 부모는 미리 집을 얻어주면 증여세 문제가 생기니 결혼식 축의금의 명부를 자녀 지인들이 부주한 것으로 처리하면 세금 없이 딸에게 24평 아파트를 사줄 수 있을 것 같았다. 결혼식은 성황리에 끝났고 지인들로부터 들어온 축의금은 부모의 몫이 무려 약10억원이었다. 결혼당사자인 자녀의 지인들로부터 받은 축의금은 3천만원이었지만 전부 자녀의 몫으로 장부를 만들고 사위에게도 이러한 방법을 귀뜸하여 신혼집으로 무사히 24평 아파트를 구입해주었다.

## Taxation

국세청은 A가 27세의 나이임에도 불구하고 최근 강남에 시가상당 18억짜리 24평 아파트를 공동으로 취득한 사실을 확인하고 자금출처소명을 요구하였다. A와 남편 B는 결혼식때 지인들로부터 받은 부조금액으로 아파트 대금을 치루었다고 소명하였으나 사회통념상 부모의 축의금이 자녀들에게 증여된 것으로 보고 부부에게 각각 증여세 3억씩을 고지하였다. 또한 자녀 A가 엄카로 모든 것을 해결하고 부부의 소득을 알뜰하게 저축하여 모은 돈이 5년간 7억5천만원임을 확인하고 이러한 자금을 통하여 오피스텔을 구입한 내역을 확인하고 추가적으로 증여세 2억원을 고지하였다.

## Tax Tip

사회통념상 인정되는 축하금 등에 대해서는 증여세를 부과하지 않도록 규정하고 있으므로 혼주에게 귀속되는 결혼축하금은 증여재산가액에서 제외하는 것이 타당하다. 하지만 부모의 지인들로부터 들어온 축의금은 부모의 몫이고 결혼당사자인 자녀의 지인들로부터 받은 축의금은 자녀의 몫으로 각각 계산하여야 한다. 따라서 부모에게 들어온 축의금을 자녀의 신혼집을 마련하거나 자동차를 구입한 자금으로 증여하게 되면 증여세가 과세된다. 또한 부모의 거주지와 현저하게 다른 곳에서 카드가 사용되었거나, 부모의 소비와 관련성이 없이 자녀가 부모의 카드를 통하여 생활비를 사용한 경우 증여세를 추징할 수 있다.

..........................

## Tax Law & regulations

■ 조부가 손자의 해외유학비등 생활비 부담시 증여세 과세여부

조부가 손주의 해외유학비를 송금하였다면 먼저 손자를 부양할 의무가 있을 것을 전제로 한다. 조부가 손자를 부양할 의무가 있는지 여부는 부모의 부양능력 등 구체적인 사실을 확인하여 판단할 사항이다. 손주의 부모가 근로소득 또는 사업소득이 발생하고 해당 자녀의 교육비를 충분히 부담할 능력이 있는 정황 등이 별도 확인되는 경우에는 조부가 손자를 부양할 의무가 있다고 보기는 어렵다 할 것이므로 증여세를 과세하는 것은 위법하지 않음(조심2016서4234, 2017. 07. 20)

# 21_
# L회장 토지에 자녀가 호텔지어 임대했더니 토지무상 사용이익에 증여세 고지

## CASE

제주도가 고향인 L회장은 일치감치 성산포일대에 토지를 매입하여 두었다. 언젠가는 제2의 하와이가 될것으로 확신했기 때문이었다. 최근 신공항의 발표로 땅값은 천정부지로 뛰어올랐고, L회장은 레지던스 호텔임대사업을 하기로 맘을 먹었다. 기준시가 약 50억원 땅에 아들 2명의 명의로 호텔을 지어 호텔임대수익을 아들에게 귀속시키면 향후 상속세도 줄일수 있고 아들들이 벌어들인 임대수익으로 본인의 토지도 매수하면된다는 생각이었다.

## Taxation

국세청은 L회장의 제주토지에 대한 자금출처조사를 시행하던 중 L회장의 토지위에 건설된 호텔의 명의가 두명의 아들임을 밝혀내고 두명의 아들의 자금출처조사를 하였으나 대출등으로 자금출처가 입증되어 무혐의 처리하였다. 반면 토지무상사용이익에 대한 증여세 및 소득세 약 4억원을 고지하였다.

## Tax Tip

「상속세 및 증여세법」 제37조에 따르면 특수관계인의 토지나 건물 등의 부동산을 무상으로 사용함으로써 이익을 얻은 경우에 그 무상사용이익이 〈1억원〉 이상이라면 무상으로 사용한 자에게 증여세를 과세한다. 부동산에 대한 무상사용이익은 향후 5년 동안 발생하는 매 연도의 부동산 무상사용이익을 현재가치로 환산하여 아래의 계산식에 따라 계산하며 5년이 경과하면 기간 경과 후 다시 증여세를 과세한다.

> 부동산무상사용이익 =
> 부동산가액×2%×3.79079(기간5년, 이자율 10% 정상연금 현가계수

토지가액이 약13.18억 이하인 경우에는 토지무상사용에 따른 이익이 1억원 미만이 되므로 증여세를 과세하지 않게된다. 단 토지무상사용에 대한 소득세법상 부당행위계산부인이 적용되어 무상임대인에게 소득세가 과세된다.

## Tax Law & regulations

■ 특수관계자에게 토지를 무상사용하게 한 경우 소득세 증여세가 과세됨

특수관계자에게 토지를 무상사용하게 한 경우 토지 소유자에게는 부당행위계산 부인규정을 적용하여 소득세를 과세하고 토지 무상사용자에게는 증여세가 과세되며 이는 중복과세에 해당되지 아니함(서울행법2010구합11689, 2010. 07. 01)

■ 부동산 무상사용에 따른 이익의 증여 해당여부

토지 소유자와 함께 그 토지위에 건물을 신축하여 「소득세법」의 규정에 따른 공동사업자로서 부동산임대업 등을 영위하면서 정당한 손익분배비율에 따라 이익을 분배하거나 토지의 사용에 대한 정상적인 대가를 토지소유자에게 지급하는 경우에는 특수관계자의 부동산을 무상으로 사용하는 경우에 해당되지 않는 것임(재산-37, 2012. 02. 03)

Tax betrayal Series 3

# 세금의 배신
## 시리즈 3
### 기업 편

기업을 운영하면서 발생하는 다양한
법인세 추징사례와 해결방안을 모색한다.

# 01_
## 중견제조업체 J대표이사 영화같은 작전세력에 기업자금 다 날리고, 세금폭탄

### | CASE

잘나가던 제조업체 P사의 대표이사 K는 우연히 영화제작업체 스폰행사에 나갔다가 유명한 작전세력 헤드에게 솔깃한 제안을 받았다. 이란 위성통신이라는 재료(Pearl)가 있으니 코스닥 업체(Shell)를 인수하여 우회상장시키면 주가를 폭등시킬 수 있다는 것이었다. 재료는 완벽하니 주가가 2만원이 되면 대표이사 K자금으로 주식물량을 받아달라는 것이었다. 대표이사 K는 마침 인생이 무료하던 터라 왠지 본인도 작전세력인 것처럼 착각하고 회사자금 20억원을 투입하게 되었다. 대표이사 K가 시장에서 2만원에 사들인 주식은 2만 1천원의 고점을 찍고 계속 흘러내리기 시작하여 폭락에 가까워 졌다. 대표이사 K는 결국 회사자금 50억원을 이 주식에 투자하게 되었고 공중에 날아갔다. 그리고 소문을 듣고 산 친구들도 큰 손실을 입게 되었다.

## Taxation

국세청은 P사의 법인세 정기조사를 진행하던 중 P제조업체가 금융투자업도 아니면서 회사의 자금 50억원이 주식투자에 전용된 사실을 확인하였다. 법인자금으로 투자한 주식 손실액이 최근 어마어마하게 발생한 것을 발견하고 조사반원들이 관련 투자유가증권투자에 관한 검찰조사서를 검토한 결과 대표이사 K가 연루된 사실을 확인하였다. 국세청은 회사가 주식손실액으로 기록한 50억원을 경비 부인하여 법인세 및 가산세 15억원을 과세하고 주식투자로 인한 법인자금 손실액을 개인사적 사용액으로 보아 소득세 20억원을 추가 고지하였다.

## Tax Tip

주식회사의 대표이사는 상법상 회사의 일상적인 경영을 총괄하고 회사를 대표하여 그 재산을 처분할 권한을 가진 자이므로 대표이사가 회사의 재산을 횡령하거나 손실을 입힌 경우 횡령이나 손실시점에 회사가 해당 금전을 대표이사에게 지급한 것으로 보아 대표이사에게 소득세(상여처분)가 부과된다. 금융투자업이 아님에도 불구하고 투자손실을 비용계상하는 경우에는 법인세법상 비용이 부인되어 법인세가 추징되고 손실액에 대해서는 대표이사에게 소득세가 추가로 고지된다. 따라서 회사자금을 가지고 법인대표이사들이 주식이나 선물옵션을 개인적으로 운용하는 경우 매우 주의하여야 한다.

## Tax Law & regulations

■ 법인사업자가 약정서 없이 회사자금의 대여는 횡령

회사의 대표이사 또는 그에 준하여 회사 자금의 보관이나 운용에 관한 사실상의 사무를 처리하여 온 자가 회사를 위한 지출 이외의 용도로 거액의 회사 자금을 가지급금 등의 명목으로 인출·사용함에 있어 이사회 결의 등 적법한 절차를 거치지 않았음은 물론 이자나 변제기의 약정조차 없었다고 한다면 이는 통상 용인되는 직무권한이나 업무의 범위를 벗어나 대표이사 등의 지위를 이용하여 회사 자금을 사적인 용도로 대여·처분하는 것과 다를 바 없다고 할 것 이므로, 그러한 행위는 형법상 횡령죄에 해당한다고 봄이 상당함(대법원 2006. 4. 27. 선고 2003도135 판결)

■ 법인자금의 유용은 상여처분에 해당함

법인의 실질적 경영자인 대표이사 등이 법인의 자금을 유용하는 행위는 특별한 사정이 없는 한 애당초 회수를 전제로 하여 이루어진 것이 아니어서 그 금액에 대한 지출 자체로서 이미 사외유출에 해당한다고 할 것임(대법원 2001. 9. 14. 선고 99두3324 판결 등 참조)

# 02_
## 기억력만 존재하는 시행사 로비자금 증거서류 없어 대표자 상여처분

### CASE

시행사 K사는 아파트 시행사업을 하던 중 각종 인허가에 관련된 로비자금, 예상치 못한 알박기에 대한 조폭의 동원비, 건설 공사현장의 책임자에 대한 접대비등 막대한 자금이 소요되었다. 변칙이었지만 시행사업상 필요한 자금을 조달하기 위하여 회의비, 사무용품비, 소모품비, 여비교통비 등 각종 비용계정에 나누어 허위로 계상하는 방법으로 비자금 100억원을 조성하였다. 분양사업만 잘 되면 모든 것이 문제없이 해결될 것이라고 믿었다.

### Taxation

국세청은 시행사 K의 변칙적인 회계처리에 대하여 탈세제보를 받아 세무조사에 착수하였다. 사업수주 등을 위한 각종 로비비용 용도 등에 충당하기 위하여 가공경비를 계상하고 지출한 것이 무려 70억원 이었다. 일부 30억원은 대여금으로 계상되어 있었다. 국세청은 가공경비 70억원의 사용처에 대해 소명요구를 하였으나 시행사 K사의 재무이사는 접대비로 사용하였다라고만 주장하지 증빙은 제출하지 않았다. 가공경비 70억원에 대해 법인세 및 가산세 20억원을 추징하고 대표자 상여처분하여 소득세 30억원을 추가적으로 고지하였다.

## Tax Tip

시행사나 건설사의 경우 암묵적인 리베이트가 존재한다. 또한 사업진행 중 예상치 못한 비용이 발생하는 경우가 많다. 이러한 비용을 확보하기 위하여 보통 회사에 대여금 처리를 하고 자금을 인출하여 사용한다. 하지만 일부 회사는 정상적인 대여금으로 처리하지 않고 여러 가지 계정과목을 사용하여 허위로 경비처리하는 경우도 많이 발생하게 된다. 세무조사시 가장 빈번하게 발생하는 항목이 대표이사의 사적사용 비용에 대한 상여처분과 리베이트 목적으로 인출한 금액에 대하여 사용처를 밝히지 못하는 경우의 상여처분이다. 상여처분을 받는 경우 법인세 이외에도 소득세가 추가로 고지되므로 사업이 진행됨에 따라 발생하는 비용을 합법적으로 비용처리 할 수 있는 방안을 전문가들에게 충분히 상의하여야 한다.

| 구분 | 내용 | 세금 |
|---|---|---|
| 복리후생비 | 대표이사 개인적 사용 | 법인세 추징 및 상여처분 |
| 접대비 | 대표이사 개인적 사용 | |
| 영업로비자금 | 증빙이 없는 경우 | |
| 판매촉진비 | 증빙이 없는 경우 | |

## Tax Law & regulations

■ 법인이 가공의 비용을 장부에 계상한 경우 특별한 사정이 없는 한 그 가공비용 상당의 법인 수익은 사외로 유출된 것으로 보아야 함

법인이 가공의 비용을 장부에 계상한 경우 특별한 사정이 없는 한 그 가공비용 상당의 법인 수익은 사외로 유출된 것으로 보아야 하고, 그 가공비용 상당액이 사외로 유출된 것이 아니라고 볼 특별한 사정은 이를 주장하는 법인 측에서 증명할 필요가 있음(서울행법2017구합79691, 2018. 06. 21)

# 03_
## 회사 가지급금을 외상매출채권으로 변칙 회계처리 그리고 막대한 세금 추징

### CASE

제조업(컴퓨터 및 주변기기)을 영위하고 있는 F법인의 대표이사는 평소의 급여를 적게 신고하고 회사의 자금을 인출하여 사용하거나 법인의 카드로 사적비용을 대부분 사용하였다. 회계담당자는 대표이사가 매년 인출한 금액과 사적사용비용을 가지급금으로 처리하여 세무신고를 하였으나 10년간의 누적된 가지급금이 20억원이 되어 최근 회사 신용상 문제가 발생하였다. 회사 대표이사는 가지급금 계정을 외상매출채권으로 변경하여 회계처리할 것을 지시하였고 향후 외상매출채권을 현금 회수한 것처럼 계속적으로 상계처리하였다.

### Taxation

국세청은 2019. 5. 2~2019. 8. 1 기간동안 F법인의 2018사업연도에 대한 일반 통합조사를 실시한 결과 법인자금이 가지급금으로 유출되었음에도 불구하고 법인의 장부상으로는 외상매출금으로 분식회계 처리한 사실을 확인하였다.

국세청은 동 금액을 회수할 수 있는 것으로 보여지지 않는다고 판단하여 분식회계처리한 가지급금 20억원에 대하여 대표이사에게 소득세 9억원을 고지하였다.

## Tax Tip

자금대출이 필요하여 회사의 신용도 평가 분석이 필요한 경우 가지급금은 무수익자산으로 분류되어 부채비율의 증가를 가지고 오게 되고 신용도 하락요인으로 작용한다. 이러한 이유로 회사측에서는 가지급금을 외상매출채권이나 재고자산 등 건전자산으로 변칙 회계처리하는 경우가 있는데 반드시 익년도에는 역분개하여 원상 회복하여야 한다. 원상회복하지 않고 외상매출채권을 변칙적으로 대손처리하거나 재고자산을 매출원가에 가산하는 경우에는 법인세법상 비용이 부인될 뿐 아니라 동 금액에 대하여 대표자 상여처분되어 소득세가 고지되므로 주의하여야 한다.

## Tax Law & regulations

■ 외상매출채권등 가공자산의 상여처분여부

법인장부상 대표이사에 대한 가지급금 등으로 처리하여야 할 것을 외상매출금계정으로 회계처리한 후 외상매출채권에 대해 대손상각처리하거나 현금입금으로 상계하는 경우 변칙처리한 외상매출채권액에 대하여 대표이사에게 귀속된 것으로 보아 소득세를 과세한 이 건 처분은 잘못이 없음(조심 2011중3368, 2012. 2. 28)

# 04_
## 모집비용으로 지급한 금전
## 가지급금으로 대표자에게 세금처분

## | CASE

의료재단 A요양병원 재단이사장은 요즘 고민이 많다. 병원경영이 악화되어 제3자에게 병원을 양도할려고 한다. 그런데 인수하는측에서 가지급금을 문제시 삼고 있다. 해당병원에 계상된 가지급금 10억원을 재단이사장이 변제하지 않으면 인수할 수 없다라고 통보해왔다. A요양병원에서 계상한 가지급금은 재단이사장이 개인적지출로 사용한 것이 아니라 불법적이지만 환자모집 비용으로 사용한 리베이트 성격의 자금이었다. 이로 인하여 작년도에는 불법모집비용에 대해 검찰조사까지 받았으며 벌금까지 고지되었다. 의료재단 A요양원은 작년도 법인세 신고시 해당 가지급금을 이익잉여금과 상계처리하여 법인세를 신고하였다.

## | Taxation

국세청은 의료재단 A요양병원의 법인세 정기조사를 하던중 가지급금이 변제되지 않고 전기오류수정손실(이익잉여금의 차감)로 처리된 것을 발견하고 이익잉여금을 감액시킨 사유에 대해 소명을 요구하였다. 이에 A요양병원 재무팀장은 가지급금이 실질은 환자모집비용이고 이에 검찰조사까지 받았다라고 주장하였다. 국세청은 A요양병원 재무팀장에게 리베이트를 받은 사람들의 금융자료와 확인서를 요청하였으나 이에 소명이 이루어지지 않아 가지급금과 이익잉여금 상계금액에 대해 대표자가 인출한 것으로 간주하여 대표이사에게 소득세(상여처분) 4억원을 고지하였다.

## Tax Tip

회사가 법인의 인출된 금전에 대하여 정상적으로 회계처리할 수 없어서 가지급금으로 처리하는 경우가 많다. 가지급금을 회계상 전기오류수정손실(이익잉여금과 상계처리)로 처리할려면 반드시 가지급금의 귀속자를 입증하여야 한다. 위의 사례에서 지출된 모집비용을 요양 병원측이 귀속자를 밝히게 되면 실질 모집비용을 수령한 개인에게는 사업소득세 또는 기타소득세가 과세되고 이익잉여금의 감소회계처리는 정당한 것으로 인정받는다. 그러나 영업상 귀속자를 밝힐 수 없어 확인서 제출이 불가능한 경우에는 대표이사에게 전액 소득세를 고지하게 되므로 주의하여야 한다.

■ 현재 재무상태표

| 재무상태표(B/S) ||||
|---|---|---|---|
| 가지급금 | 10억 | 부채 | 4억 |
| 의료기기 | 14억 | 자본금 | 5억 |
| | | 자본잉여금 | 0억 |
| | | 이익잉여금 | 15억 |
| | 24억 | 합계 | 24억 |

■ 실질 재무상태표 회계처리

환자모집비용 10억원은 법인세법상 비용처리되지 않는 항목이지만 법인의 순자산의 감소를 가져오는항목이다.

(차) 전기오류수정손실(이익잉여금) 10억   (대) 가지급금 10억

| 재무상태표(B/S) | | | |
|---|---|---|---|
| 의료기기 | 14억 | 부채 | 4억 |
| | | 자본금 | 5억 |
| | | 이익잉여금 | 15억 |
| | | 전기오류수정손실 | (10억) |
| | 14억 | 합계 | 14억 |

............................

| Tax Law & regulations

■ 리베이트로 실제 지급하였는지 확인되지 아니하므로 귀속자불분명으로 상여처분은 정당함

영업사원이 환자모집비용으로 상품권·기프트카드 등을 리베이트로 실제 지급하였는지 여부를 확인할 수 없으므로 이를 손금부인하고 귀속이 불분명한 것으로 보아 대표이사 상여로 소득처분하는 것이 타당함(조심2010서1798, 2011. 09. 21)

# 05_
# 음성적인 리베이트 목적 현금인출 FIU에 노출 심층세무조사 빌미

## CASE

최근 서울소재 제약회사 J는 새로운 당뇨약을 개발하여 미국 FDA 3상을 추진하고 있다. 하지만 FDA 3상을 추진하는데 천문학적인 돈이 들어 임상 2상을 종료한 상태로 기술수출을 추진할려고 한다. 국내 판매는 이미 허가가 났기 때문에 전방위적인 영업이 필요한 시점이었다. H제약회사의 재무팀장은 매월 수억원의 현금을 인출하여 영업사원들에게 판매비로 활용하도록 지시하였다.

## Taxation

국세청은 금융거래분석원(FIU)로부터 넘겨받은 자료를 바탕으로 최근 과도하게 현금인출한 J제약회사를 세무조사하였다. 반복적인 현금인출과 고액현금인출이 금융거래분석원(FIU)에 분석되어 최종적으로 국세청에 넘어온 것이었다. 국세청은 현금거래를 집중적으로 조사하여 사용처에 대해 소명을 요구하였고, 실질 현금귀속자를 밝히지 못한 30억원에 대하여 대표자에게 최종 귀속되었다고 간주하고 소득세 및 가산세 35억원을 과세하였다.

## Tax Tip

금융정보분석원(FIU)은 금융기관으로부터 보고받은 정보를 분석하여 불법재산, 자금세탁행위, 공중협박자금조달행위와 형사사건, 정치자금법위반, 금융감독업무 또는 조세 및 관세 탈루 등의 혐의가 있는 경우 그 분석내용을 수사기관 등에 제공하여 수사 및 조사가 이루어지도록 조치하고 있다. 국세청은 세무조사 업무에 있어서도 금융정보분석원으로부터 제공받은 의심거래정보(STR)와 고액현금거래정보(CTR)를 적극 활용하고 있다. FIU법 개정으로 의심거래(STR) 정보와 1,000만원 이상의 고액 현금거래(CTR)정보까지 제공받을 수 있게 되어 2018년도 기준으로 국세청과 관세청 등 세무당국이 FIU(금융정보분석원)의 금융거래 정보 등을 이용해 부과한 탈세 추징액이 지난해 2조5천억원이다.

■ 고액현금거래보고제도(Currency Transaction Reporting System.CTR)
동일한 금융기관에서 발생한 현금총액으로 1천만원이상인 경우, 수표나 외화는 제외되며 현금거래가 대상임

■ 혐의거래보고제도(Suspicious Transaction Report,STR)
불법재산, 자금세탁혐의, 외화, 수표등의 인출도 보고대상

..............................

## Tax Law & regulations

■ 특정 금융거래정보의 보고 및 이용 등에 관한 법률 제7조(수사기관 등에 대한 정보 제공)

금융정보분석원장은 불법재산·자금세탁행위 또는 공중협박자금조달행위와 관련된 형사사건의 수사, 조세탈루혐의 확인을 위한 조사업무, 조세체납자에 대한 징수업무, 관세 범칙사건 조사, 관세탈루혐의의 확인을 위한 조사업무, 관세체납자에 대한 징수업무 및 「정치자금법」 위반사건의 조사, 금융감독업무 또는 테러위험인물에 대한 조사업무(이하 "특정형사사건의 수사등"이라 한다)에 필요하다고 인정되는 경우에는 다음 각 호의 정보(이하 "특정금융거래정보"라 한다)를 검찰총장, 국세청장, 관세청장, 중앙선거관리위원회, 금융위원회 또는 국가정보원장에 제공한다.

■ 특정 금융거래정보의 보고 및 이용 등에 관한 법률 제7조의2(특정금융거래정보 제공사실의 통보)

금융정보분석원장은 제4조의2에 따라 금융회사등이 보고한 정보(제7조제1항제3호에 해당하는 정보는 제외한다)를 제7조에 따라 검찰총장등에게 제공한 경우에는 제공한 날(제2항 또는 제3항에 따라 통보를 유예한 경우에는 통보유예의 기간이 끝난 날)부터 10일 이내에 제공한 거래정보의 주요 내용, 사용 목적, 제공받은 자 및 제공일 등을 명의인에게 금융정보분석원장이 정하는 표준양식으로 통보하여야 한다.

# 06_
## 망한 것도 억울한데
## 가지급금도 폐업하니 소득세 9억고지

| CASE

인천의 건설사 M사는 최근 건설경기가 너무 좋지 않아 적자에 시달렸다. 기존의 시행사업의 실패로 인하여 금융권부채도 아직 해결하지 못하고 있는 상태였다. 관급공사의 수주를 받기 위해서는 신용등급을 최소한 A는 받아야만 했다. 회사는 계속하여 적자이나 실질 결손처리하면 신용등급이 하락하고 관급공사 수주등이 어려울 것 같아 최근 3년간 분식회계를 통하여 오히려 이익을 내고 법인세를 납부하여 왔다. 이러한 가공의 이익은 실질 현금잉여금이 없었기 때문에 가지급금으로 계상할 수밖에 없었다. 하지만 1년 후 결국 자금압박을 견디지 못하고 부도를 맞아 폐업을 할 수 밖에 없었다. 2년 후 대표이사는 국세청에서 날아온 소득세고지서를 보고 너무 놀랐다.

| Taxation

국세청은 M사가 정기 법인세를 신고하지 않아 전산조회를 하여보니 폐업을

한 사실을 알고 직전년도 재무제표 및 당해연도 원장등을 분석한 결과 재무상태표상 가지급금이 20억이 있다는 사실을 확인하였다. 폐업 당시 가지급금에 대한 변제가 이루어지지 않는 사실에 대해 국세청은 회사가 임의로 포기한 것으로 보아 대표이사에게 상여처분하여 소득세 약9억원을 부과하였다.

## Tax Tip

회사경영이 어려워도 금융권 대출유지 및 공사수주를 위하여 가공의 이익을 계상할 수 밖에 없는 것이 우리나라 중소기업의 현실이다. 이러한 가공의 이익은 현금을 창출하지 않기 때문에 실질 결손금과 가공의 이익만큼 가지급금 계정과목이 나타나게 된다. 국세청은 전산분석을 하여 회사 청산이나 폐업시 가지급금의 변제여부를 확인하므로 실질 분식회계의 가지급금이라면 관련 증거서류를 갖추어 폐업하기 전 전기오류수정손실등으로 가지급금을 정리하여야 한다(회계처리 : 전기오류수정손실**/가지급금***)

## Tax Law & regulations

■ 폐업시 가지급금등의 상여처분 여부

주식회사의 경우 예외적으로 해산 및 청산절차가 개시되지 않았다고 하더라도 폐업 하고 과세예고통지가 있기까지 가지급금 등을 회수하지 않았으므로, 사실상 가지급금 회수를 포기하였거나 회수가 불가능하게 되었다고 볼 수 있어 가지급금에 대해 상여처분함은 적법함(대법원 2014. 9. 16. 선고 2014두8377판결)

# 07_
## 기계장치 대금 환율불안으로 지연해서 받았더니 가지급금으로 법인세 추징

### CASE

안산의 자동차 부품회사 L사는 최근 베트남의 건설경기가 살아나면서 이에 따른 건설운수장비의 부품의 수요가 증가할 것으로 예상하여 베트남 호치민에 20억원을 출자하여 LL이라는 현지 판매법인을 만들었다. 예상대로 현지 자회사의 운수장비 부품 매출은 급격하게 증가하였고 베트남자회사 LL은 많은 자금을 확보할 수 있었다. 하지만 베트남의 환율불안으로 인하여 동을 달러로 환전하기에는 환율손실이 너무나 커서 한국의 모회사에게는 자동차부품대를 계약조건대로 송금하지 못하였다. 이에 국내 모회사는 수령하지 못한 부품값을 해외 외상매출채권으로 회계처리하여 관리하여 오고 있었다.

### Taxation

국세청은 L사의 정기 법인세를 조사하던 중 매출액에 비해 외상매출채권이 지나치게 많은 것을 발견하고 외상매출채권에 대한 정밀조사를 실시하였다. 조사결과 해외 베트남 자회사에 대한 외상매출채권이 대부분이라는 것을 밝혀내고 연령분석법을 통하여 120일이 초과한 외상매출채권에 대해서는 가지급금으로 분류하여 인정이자 4.6%를 계산하고, 법인세 및 가산세 2억8천만원을 추징하였다.

## Tax Tip

해외자회사는 국내모회사가 출자하여 설립된 회사이므로 법인세법상 특수관계회사이다. 특수관계자간 제품대금의 지연회수는 (국내 60일 기준, 국외 120일 기준) 업무무관대여금으로 간주된다. 국내회사가 국외자회사로부터 외상매출금을 대여한 것으로 보아 대여이자를 계산하게 되어 미수이자에 대해 법인세가 과세된다. 만약에 국내로 송금하지 못하는 해외변수가 생긴다면 정상적으로 대금 결제가 이루어질 수 없는 관련 증거서류들을 사전적으로 확보해 둘 필요가 있다.

## Tax Law & regulations

■ 해외현지법인 외상매출채권 지연회수에 따른 법인세 과세

해외현지법인으로 상품을 매출하면서 계산한 매출채권을 평균 회수기일(120일)보다 초과하여 회수한 사실이 있고, 외상매출금을 회수하기 위한 아무런 조치를 취하지 아니한 것으로 보이는 점 등으로 보아 외상매출금 지연회수에 대하여 부당행위계산 부인 규정을 적용하여 가지급금에 대한 인정이자(4.6%)를 계산하는 것임(조심2012중3037, 2014. 10. 22)

# 08_
# 위장 퇴직하여 가지급금 변제했더니
# 세금 5억 고지

**| CASE**

경기도소재 시행사 P사는 건설업에 대한 자본금 규모를 맞추기 위하여 자본금 10억까지 유상증자를 하였다. 실질 자본금을 납입하지 않고 일부 증자 후 자금을 인출하고 다시 증자하는 과정을 반복하였다. 유상증자시 실질자본금을 납입하지 않아 가지급금이 약9억이 발생하였고, 이러한 가지급금이 기업신용도 평가에 악영향을 주게 되었다. 관급공사를 수주해야하는 P사의 대표이사 B는 급하게 가지급금을 변제하기 위하여 위장퇴직을 하여 퇴직금과 가지급금을 상계처리하면서 배우자를 대표이사로 등재하여 사업을 계속 영위하였다.

**| Taxation**

국세청은 P사의 대표이사 퇴직소득의 적정성을 조사하던 중 퇴직한 대표이사 B씨가 실질 회사업무를 총괄하고 있다는 내용을 제보 받았다. 일부 직원들에게는 대표이사 B씨가 퇴직한 사실을 처음 듣는 소리이고 지속적으로 회사에 나와

일을 했다는 진술을 확보하였다. 이에 국세청은 기존의 퇴직소득세 신고를 부인하고 근로소득으로 보아 약 소득세 3억원을 고지하고 퇴직소득 경비를 부인하여 법인세 및 가산세 2억원을 추가적으로 징수하였다.

## Tax Tip

 가지급금 변제를 위하여 실질퇴직을 하는 경우 퇴직사유가 명백하여야 하며 실질퇴직이므로 회사에 근로를 제공하여서는 안 된다. 실질퇴직이 아닌 경우 퇴직소득세가 아니고 근로소득세로 과세되므로 세부담이 크게 증가한다. 또한 관련비용은 법인세법상 비용처리로 인정 못받아 법인세도 추징당하게 되므로 편법적인 퇴직처리는 주의하여야 한다.

## Tax Law & regulations

■ 실질퇴직을 부인하고 근로소득세로 과세

 청구법인은 OOO이 퇴직 후 회사업무에 관여하지 아니하였다고 주장하나, OOO의 퇴직급여가 OOO 외 3인의 청구법인 주식 취득자금으로 사용되었고, 청구법인의 주장대로 회사가 청산을 위한 해산을 예정하고 있었다면 청구법인의 대표이사가 변경될 하등의 이유가 없음에도 불구하고 추가적인 주식 취득자금 마련을 위해 형식적으로 퇴직 후 퇴직급여를 수령하였다고 봄이 타당하다. 이는 OOO의 배우자인 OOO이 청구법인의 대표이사로 취임하였고, OOO은 퇴임후 직간접 출자관계에 있는 OOO의 대표로 계속 근무하였으며, 이 건 심판청구의 쟁점이 되는 사항에 대해 직간접적으로 영향을 미쳤음이 주주총회 회의록를 통해 확인되는 점과 2010년 종전 (주)OOO와의 합병 후 현재 대표이사로 재직중인 점에서 OOO의 퇴직이 현실적인 퇴직의 범위에 해당하지 않는다는 점이 확인되고, 청구법인이 제출한 퇴직금지급규정은 2008. 4. 30. 만들어져 OOO의 퇴직을 위해 급조된 규정으로 보이는 점 등에 비추어 퇴직급여를 손금불산입하고 근로소득으로 과세한 처분은 정당함(조심2013중468, 2014. 05. 27)

# 09_
# 자기주식매매 업무무관가지급금으로 법인세 과세

## CASE

경기도 소재 의약도매업체 P사의 대표이사는 가지급금 문제 때문에 머리가 터질지경이다. 영업비용으로 사용한 것을 접대비로 처리하지 못하고 가지급금으로 회계처리한 금액이 현재 무려 13억이다. 누적된 가지급금으로 인하여 매년 말 회사에 이자를 입금하는 것도 힘들지만 무수익자산이라고 해서 신용도 평가에 악영향을 미쳐 기업대출도 어려운 실정이다. 최근 P사의 대표이사는 본인의 지분을 회사에 매각할 수 있도록 상법이 개정되었다는 주위의 이야기를 듣고 바로 실행에 옮겼다.

## Taxation

국세청은 P사의 법인세 정기조사를 시행하던 중 대표이사가 본인의 지분을 회사에 매각한 사실을 인지하고 「상법」 제341조 규정의 준수여부를 검토한 결과 다른 주주의 매각없이 P사의 대표이사 본인의 지분만 회사에 매각이 되었고 매각이 된지 3년이 지났지만 회사가 취득한 자기주식을 특정목적에 사용하지 않고 계속 보유하고 있는 것을 확인하였다. 국세청은 P사의 자기주식매매 행위를 업무무관가지급금으로 보아 3년간 인정이자계산 및 지급이자 손금불산입하여 법인세 2억원을 추징하였다.

## Tax Tip

2011년 4월14일 「상법」 제341조의 개정으로 2012년 4월 15일부터 비상장 회사도 대표이사 등은 자기주식을 취득할 수 있다. 기존의 자기주식 취득은 자본의 환급으로 보아 배당소득세를 과세하였으나 상법의 개정으로 매매거래로 인정한다. 단 상법이 규정하고 있는 원칙을 준수하여야 한다.

| 구분 | 내용 |
| --- | --- |
| 전단계 | • 정관에 자기주식취득의 목적기재<br>• 스톡옵션, 상여금지급, 투자유치, 제3자 매각등 |
| 실행단계 | • 이익잉여금한도내에서 취득(자본충실화의무)<br>• 특정주주의 매매가 아닌 비례의 원칙준수(주주평등의 원칙) |
| 후행단계 | • 자기주식으로 상여금지급, 제3자매각 등 실질 정관목적대로 실행 |

## Tax Law & regulations

■ 자기주식 취득거래가 무효인 경우 특수관계자에게 지급한 주식매매대금은 업무무관가지급금에 해당됨

자기주식 취득행위가 상법 제341조에 위반되어 무효에 해당하는 경우 해당법인이 특수관계자인 주주에게 자기주식 취득대금으로 지급한 금액은 법률상 원인 없이 지급된 것으로 이를 정당한 사유없이 회수하지 않거나 회수를 지연한 때에는 업무무관가지급금으로 봄이 타당함(부산지법2014구합20521, 2014. 09. 04)

# 10_
# 이익소각으로 가지급금 해소
# 그러나 실질과세원칙 적용되어 세금추징

## CASE

경기도에 소재하는 자동차 부품 제조업체 K사는 기존의 가지급금 20억 때문에 골머리가 아프다. 가지급금을 정리하고자 배당이나 상여처리를 하고 현금인출을 할려니 세금이 약9억정도 예상되었다. 그러던 중 주위에서 이익소각으로 해결할 수 있다는 말을 듣고 본인의 주식을 배우자에게 6억원을 증여하고 바로 이익소각하여 세금없이 6억원을 마련하였다. 시가로 6억원의 주식을 증여하였기에 배우자가 이익소각시 받는 6억원에 대해서는 배우자의 취득가액과 이익소각의 대가가 동일하여 세금이 없었다. 그리고 기존의 배우자 주식을 다시 남편에게 역증여하여 또 다시 이익소각하여 세금없이 6억원을 마련하여 최종 12억원의 가지급금을 정리하였다.

## Taxation

국세청은 K사의 법인세 및 주식변동조사를 시행하던 중 대표이사가 본인의 지분을 배우자에게 증여하고 그 배우자가 즉시 회사에 이익소각을 하여 6억원을 인출한 사실을 확인하였다. 상법상 절차를 검토한 결과 다른 주주는 이익소각이 없었고 배우자 단독으로 이익소각을 한 사실이 나타났고 배우자가 주식을 증여받아 즉시 이익소각 대가로 받은 금전을 남편인 대표이사에게 다시 차용으로 빌려주어 대표이사가 가지급금을 변제한 사실을 인지하였다. 또한 배우자의 주식을 남편에게 증여하여 똑같은 방법으로 이익소각한 사실에 대해 국세청은 실질 각자 주식의 이익소각 시 배당소득이 과세되므로 배우자 증여규정을 활용하여 세금을 회피하였다고 판단하여 각자의 이익소각으로 보아 배당소득세 및 가산세 3억원씩 고지하였다.

## Tax Tip

감자는 자본의 원천적인 감소가 생겨서 다시 주식 수를 늘리려면 증자를 통해 주식을 발행해야 하는데, 이에는 증자 등록세 등이 발생하게 된다. 반면 이익소각 이익잉여금으로 주식을 소각하여 대가를 지급하게 되므로 자본금이 감소하지 않는다. 이익소각은 이익잉여금 한도내에서만 실행할 수 있다. 사실상 감자와 소각은 자산총계, 부채총계, 자기자본총계에 미치는 영향은 동일하며 단지 자기자본의 세부항목만 달라지는 효과가 있다. 감자는 자본의 감소규정이므로 주주총회의 특별결의를 거쳐야 하고 이익소각은 배당가능이익의 범위에서 주식을 소각하는 것으로 정관에 정해놓은 경우 이사회 결의로 주주총회 결의를 대신할 수 있어 기업이 이사회결의에 따라 재량으로 실시가능하다. 단 주의할 점은 「상법시행령」 제10조에 의하면 이익소각 목적으로 자기주식을 취득하는 경우에는 이사회가 결의할 때마다 균등하게 정하여야 한다라고 규정하고 있으므로 자기주식을 취득시 주주비례의 원칙에 따라 모든 주주에게 균등한 기회를 절차적으로 제공하여야 한다.

## Tax Law & regulations

### ■ 상법규정 [전문개정 2011. 4. 14]

제343조(주식의 소각) ① 주식은 자본금 감소에 관한 규정에 따라서만 소각(消却)할 수 있다. 다만, 이사회의 결의에 의하여 회사가 보유하는 자기주식을 소각하는 경우에는 그러하지 아니하다.

② 자본금감소에 관한 규정에 따라 주식을 소각하는 경우에는 제440조 및 제441조를 준용한다

### ■ 소득세법 집행기준 17-27-3【취득가액이 다른 동일법인 주식 감자시 취득가액 계산】

1. 매매 또는 단기투자목적으로 주식을 보유하고 있는 사업자는 주식을 총평균법·이동평균법에 의한 평가방법 중 해당 납세지 관할세무서장에게 신고한 방법에 의하여 계산하되, 유가증권의 평가방법을 납세지 관할세무서장에게 신고하지 아니한 경우에는 총평균법에 따라 계산한다.
2. 매매 또는 단기투자목적으로 주식을 보유하고 있는 사업자가 아닌 자(개인주주를 포함한다)는 총평균법에 따라 그 주식을 취득하기 위하여 소요된 금액을 계산한다.
3. 취득가액이 다른 주식을 보유한 비사업자인 개인주주의 주식을 특정하여 유상소각하는 경우, 의제배당 소득금액 계산시 취득가액은 개별주식의 가액을 입증하는 경우 그 가액을 취득가액으로 한다.

■ 교차증여하여 이익소각시 실질과세원칙 적용

부부가 발행법인의 주식을 교차 증여받아 발행법인에 양도하고 바로 감자가 이루어진 경우 의제배당으로 볼 수 있으며 감자대가에서 차감하는 취득가액은 증여재산가액이 아닌 그 주식의 당초 취득가액으로 보는 것임(심사소득2020-1, 2020. 05. 06)

# 11_
## 법인의 가수금이 법인세무조사 빌미되어 회사는 나락으로

### | CASE

서울소재 건축설계사무소 H사는 최근 건설경기의 호황으로 매출이 급증하였다. 법인결산 결과 당기순이익이 매우 증가하여 건축설계사무소장은 법인세를 줄이기 위하여 실질 지출되지 않는 경비로 최근 5년간 20억원을 계상하였다. 또한 정상적으로 세금계산서를 발급하지 않고 현금 입금된 30억원에 대하여는 대표이사가 회사에 빌려준 것처럼 가수금으로 회계처리하였다.

### | Taxation

국세청은 건축설계사무소 H사를 정기조사하면서 가수금계정을 면밀히 분석한 결과 현금지출 없는 가공경비 계상과 매출누락액을 법인통장에 입금하여 변칙적으로 발생하는 가수금임을 밝혀내고 매출누락액 30억원에 대하여 법인세·부가가치세 및 가산세 30억원을 고지하고 가공경비 및 매출누락액 50억원에 대하여 소득세 및 가산세 20억원을 추가로 고지하고 조세포탈범으로 검찰에 고발하였다.

## Tax Tip

회사를 운영함에 법인재무상태표상 가수금계정이 발생하는 경우에는 원인을 분석하여 세무적인 위험을 제거하여야 한다. 많은 법인들이 매출누락액을 법인통장으로 입금하여 가수금으로 회계처리한 경우가 많아 자주 국세청에 적발된다. 매출누락액이 정상적으로 신고 되지 않고 법인통장으로 입금되어 변칙적으로 가수금으로 회계처리 되는 경우 법인대표이사가 매출누락액을 실질 인출하지 않았더라도 언제든지 대표이사에게 귀속시킬수 있는 자금으로 보아 대표자에게 소득세가 과세됨을 유의하여야 한다.

### 법인가수금 발생원인

| 구분 | 회계처리 | 세무처리 |
|---|---|---|
| 부족자금 정상 입금 | 현금/가수금 | 정당한 가수금/자본전환가능 |
| 매출누락액입금 | 현금/ 가수금 | 매출누락 법인세·부가가치세 및 소득세 상여처분 |
| 가공경비계상 | 복리후생비/가수금 | 가공경비부인 법인세 및 소득세 상여처분 |

. . . . . . . . . . . . . . . . . . . . . . . .

## Tax Law & regulations

■ 매출누락자금인 가수금의 상여처분의 적법성

쟁점금액 상당의 위 가수금은 청구외법인이 청구인에게 변제하여야 할 별도의 채무에 해당하므로 청구외법인 계좌에 입금된 매출누락액이 법인의 업무관련 비용으로 사용한 것과는 관계없이 대표자인 청구인의 가수금으로 계상하는 시점에 이미 사외유출되어 대표자에게 귀속된 것으로 보이는 반면, 해당 가수금이 애당초 반제를 예정하지 아니한 명목상의 가공채무라는 등의 특별한 사정이 있다는 증빙제시가 없는 점, 청구외법인은 쟁점금액 상당액이 입금된 후 회계상 수정분개(매출채권)하거나 이를 반영하여 법인세 수정신고를 한 사실도 없는 점 등에 비추어 처분청이 쟁점금액을 청구외법인의 대표자에 대한 상여로 소득처분하여 소득금액변동통지한 후 청구인에게 종합소득세를 과세한 이 건 처분은 잘못이 없는 것으로 판단됨(조심2020광1290, 2020. 08. 31)

■ 조세범처벌법 제3조(조세 포탈 등)

① 사기나 그 밖의 부정한 행위로써 조세를 포탈하거나 조세의 환급·공제를 받은 자는 2년 이하의 징역 또는 포탈세액, 환급·공제받은 세액의 2배 이하에 상당하는 벌금에 처한다. 다만, 다음 각 호의 어느 하나에 해당하는 경우에는 3년 이하의 징역 또는 포탈세액등의 3배 이하에 상당하는 벌금에 처한다.(2010. 01. 01 개정)

1. 포탈세액등이 3억원 이상이고, 그 포탈세액등이 신고·납부하여야 할 세액(납세의무자의 신고에 따라 정부가 부과·징수하는 조세의 경우에는 결정·고지하여야 할 세액을 말한다)의 100분의 30 이상인 경우
2. 포탈세액등이 5억원 이상인 경우

② 제1항의 죄를 범한 자에 대해서는 정상(情狀)에 따라 징역형과 벌금형을 병과할 수 있다.

■ 특정범죄 가중처벌 등에 관한 법률 제8조(조세 포탈의 가중처벌)

①「조세범 처벌법」제3조 제1항, 제4조 및 제5조,「지방세기본법」제129조 제1항에 규정된 죄를 범한 사람은 다음 각 호의 구분에 따라 가중처벌한다.

1. 포탈하거나 환급받은 세액 또는 징수하지 아니하거나 납부하지 아니한 세액이 연간 10억원 이상인 경우에는 무기 또는 5년 이상의 징역에 처한다.

2. 포탈세액등이 연간 5억원 이상 10억원 미만인 경우에는 3년 이상의 유기징역에 처한다.

② 제1항의 경우에는 그 포탈세액등의 2배 이상 5배 이하에 상당하는 벌금을 병과한다.

# 12_
# 개인사적비용으로 세금 줄이다가 세무조사

## CASE

경기도 평택소재 식품회사 P사는 중국에서 가공 복어를 수입하여 한국에서 2차 가공을 하여 편의점에 납품하는 업체이다. 비록 원재료는 중국산이지만 술안주 대용으로 손색이 없어 최근 들어 매출액이 계속 증가하였다. 최근 3년간 꾸준히 매출이 매년 70억대로 유지되었다. 하지만 늘어나는 직원급여와 원재료비 등을 감안하면 당기순이익이 신통치 않았다. 그런데 최근 국세청의 조사를 받게 되어 조사대상 3개년도 추징세액이 8억원이 넘게 발생되었다.

## Taxation

○○지방국세청 조사2국 2과는 식품제조회사 P사를 전산분석한 결과 매출액 대비 순이익율이 너무 저조하였고 사업용 카드 사용액이 사적비용 혐의가 있어 해당업체를 심층조사 대상자로 선정하여 3개연도 세무신고를 검증하였다. 조사 결과 배우자가 실질 근무하지 않음에도 인건비 신고를 가공으로 한 사실과 접

대비와 복리후생비 지출액 중 개인사업주의 골프비용, 병원비용, 기타 사적비용 등을 확인하였다. 이와 관련된 비용을 전액 부인하여 3개 연도 소득세 및 가산세 8억원을 추징하였다.

## Tax Tip

제조업의 경우 당해년도 사업장별 수입금액이 7.5억원 이상인 경우 성실신고 확인대상사업자에 해당된다. 성실신고 확인대상사업자임에도 불구하고 소득율이 지나치게 낮다는 것은 국세청의 관심 대상이 될 수밖에 없다. 또한 국세청은 세무조사시 특수관계자 인건비 및 사적비용 등을 집중적으로 검토하게 되므로 배우자나 자녀의 실질 근무여부에 대한 입증서류를 갖추어 놓아야 하며 사적비용에 대해서는 개인사업자의 세금 신고시 경비처리를 하지 않도록 하여야 한다.

| 구분 | 부서 | 주요조사대상 |
| --- | --- | --- |
| ○○지방국세청 | 조사1국 | 대기업, 중견기업법인이상 |
| | 조사2국 | 개인고소득자영업자 |
| | 조사3국 | 고액재산가 상속증여 |
| | 조사4국 | 탈세제보, 기획조사 |
| | 국제거래조사국 | 외투법인, 국제이전가격 등 |

\* 지방국세청의 조사는 기본적으로 3개년도이며, 탈세제보의 경우에는 정기조사보다는 심층조사(예치조사)등을 통하여 자료를 확보하게 되므로 예상 밖의 추징세액이 발생한다. 또한 최근사례를 보면 특정년도의 계정과목에 문제가 있으면 세무조사 대상기간을 5개년도로 확대하는 추세이다.

## Tax Law & regulations

■ 소득세법 제70조의2 【성실신고확인서 제출】

| 구분 | 개인사업자 해당(법인사업자는 특수한 경우에만 성실신고법인으로 지정) ||
|---|---|---|
| 확인대상 | 업종 | 수입금액기준 |
| | 도소매업, 부동산매매업 | 수입금액 15억원 이상 |
| | 제조업, 숙박업, 건설업, 운수업등 | 수입금액 7.5억원 이상 |
| | 부동산임대업, 서비스업(전문직) | 수입금액 5억원 이상 |
| 주요체크 | • 개인사업자는 회계감사대상 아님, 일정규모이상 성실신고대상<br>• 공동사업장은 1거주자로 판단하므로 공동사업자는 불리<br>• 수입금액기준 적용은 직전과세연도가 아니라 해당과세연도로 판단<br>• 복수사업(도매업과 제조업)을 하는 경우 환산적용, 임의로 비율을 조절하는 경우 국세청조사대상자임(예컨대 도소매 수입이 7억, 제조업 수입이 6억인 경우 단순 11억으로 판단하는 것이 아니라 7억+6억×15억/7.5억=19억으로 성실신고해당대상)<br>• 탈루세액에 대해 납세자 및 세무대리인 책임 규정도입<br>• 종합소득세는 익년도 6월30일까지 신고납부 ||

# 13_
## 연말의 이익 대표이사 상여금 처리했더니 배당으로 간주해서 법인세 추징

### | CASE

미국 저가 의류판매업체에 창고 입고지 기준으로 수출하던 한국 섬유제조업체는 최근 중국의 환율변동 폭으로 이익이 크게 증가하였다. 중국에 공장을 설립하여 싼 인건비를 바탕으로 제품의 완성도를 높여야 된다는 부담감이 늘 존재했지만 현재까지 사업은 완벽하게 진행되고 있었다. 섬유업체 W사의 경영본부장은 연말에 이익이 큰 폭으로 증가하게 되므로 당해연도 11월부터는 대표이사의 상여금을 대폭 상향조정하여 연말에 5억씩 지급하기로 세무전략을 대표이사에게 보고하였다. 상여금으로 지급하면 법인세법상 인건비로 비용처리되기 때문에 배당처리보다 법인세를 절감할 수 있다는 놀라운 전략임을 확신했다.

### | Taxation

국세청은 섬유업체 W사의 법인세 정기조사를 시행하던 중 직전년도 대비 대표이사의 상여금이 지나치게 높게 계상되어 있는 것을 발견하고 관련 상여금을 검토한 결과 임원 및 직원들의 목표달성대비 공헌도에 따라 지급되는 정당한 성과급의 대가가 아니고 법인세를 회피하기 위한 수단으로 특정인에게 상여금이 과다하게 지급되었음을 확인하고 관련 상여금을 법인세법상 손금부인하고 법인세 및 가산세 1억2천만원을 과세하였다.

## Tax Tip

| 해당규정 | 상여금 지급기준의 손금산입 요건 |
| --- | --- |
| 「법인세법 시행령」 제43조 | • 정관, 주주총회, 사원총회, 이사회결의에 의해 결정된 급여지급기준 이내 금액이어야 함.<br>• 매출액, 영업이익, 공헌도에 따른 성과급규정과 성과급 지급 테이블이 존재하여야함. |

## Tax Law & regulations

■ 쟁점상여금을 손금불산입하여 법인세를 과세하고 청구법인의 회장인 ○○○에게 상여로 소득처분하여 소득금액변동 통지한 처분의 당부

청구법인이 주주총회에서 ○○○에 대한 상여금의 한도를 정하였을 뿐 상여금의 구체적 산정기준을 정하였다고 보기 어렵고 별도의 가결산이나 산정기준 없이 수시로 ○○○에게 쟁점상여금을 지급한 점 등에 비추어 쟁점상여금을 손금불산입하여 법인세를 과세한 처분은 잘못이 없음(조심2013서4144, 2015. 09. 07)

# 14_
## 법인설립시 현물출자 후 이월과세 부인
## 예상치 못한 양도소득세 과세

### CASE

의정부 수락산 자락에서 찜찔방을 운영하던 개인사업자 A는 최근 유가인상 및 불경기로 인하여 사업이 신통치 않았다. 찜질방을 폐업하고, 찜질방으로 사용하던 토지·건물을 양도하기 위하여 인근 부동산에 내어놓았으나 매매가 이루어지지 않았다. 1년이 지난 뒤 개인사업자 A는 중소기업 기술정보 진흥원과 중소기업 컨설팅지원사업 협약을 하고 새로운 사업인 세라믹 제조업을 진행하기 위하여 기존의 보유하고 있던 토지와 건물을 감정하여 「감정평가서」 및 「현물출자가액 산정을 위한 감사보고서」에 기재된 재산을 현물출자하여 법인설립을 하였다. 현행 「조세특례제한법」 제32조에 따라 현물출자를 하여 법인을 설립하는 경우 양도소득세가 이월하여 과세된다는 것을 알고 해당 「이월과세적용신청서」를 납세지 관할세무서장에게 제출하였다.

## Taxation

국세청은 개인사업자 A가 제출한 현물출자 「양도소득세 이월과세신청서」를 검토한 결과 A씨가 기존 찜질방을 영업부진의 사유로 폐업하고 찜질방 고정자산(토지, 건물)을 양도하기 위하여 매물로 내 놓았던 사실과 현재는 찜질방 건물을 주거용으로 사용하고 있는 사실을 확인하였다. 또한 A씨가 제출한 현물출자 계약서 및 감정평가서, 현물출자 재산인도증, 설립법인의 공장신청서 등을 검토한 바 현물출자 및 법인의 설립행위는 기존 찜질방 폐업일로부터 약 1년 가까이 경과한 후 발생하였음을 확인하였다. 국세청은 사업용 고정자산이 출자 당시 고정자산으로 사용되지 않았으며 사용되지 않은 기간이 아주 짧거나 불가피한 사정이 있었다고 볼 수도 없어서 이월과세신청을 거부하고 양도소득세 3억원을 과세하였다.

## Tax Tip

현물출자는 상법상 변태설립사항에 해당되어 엄격한 가치평가과정이 수반되기 때문에 법인설립에 따른 시간과 비용이 많이 수반된다. 「조세특례제한법」 제32조 이월과세규정 및 취득세 면제적용을 받기 위해서는 동일사업장의 토지, 건물을 포괄적으로 양도하여야 하므로 등 제반 요건을 면밀히 검토하여야 한다. 위의 사례는 사업용 고정자산을 현물출자한 것이 아니라 유휴자산을 현물출자한 것으로 간주되어 세금이 과세된 사례이다. 현물출자는 제조업의 사업용부동산 및 부동산임대업을 법인전환시 활용할 수 있으나 매우 주의하여야 한다.

## 개인기업의 법인전환

| 구분 | 사업양수도 | 현물출자 | 사업포괄양수도 | 중소기업통합 |
|---|---|---|---|---|
| 부동산양도소득 | 과세 | 이월과세 | 이월과세 | 이월과세 |
| 부동산취득세 | 과세 | 면제 | 면제 | 면제 |
| 차량취득세 | 과세 | 면제 | 면제 | 면제 |
| 부가가치세 | 과세 후 환급 | 과세 제외 | 과세 제외 | 과세 제외 |
| 개인기업업력 | 인정안됨 | 인정 | 인정 | 인정 |
| 세액감면 | 승계안됨 | 승계 | 승계 | 승계 |
| 관련법규 |  | 조특법 제32조 | 조특법 제32조 | 조특법 제31조 |
| 장점 | 단순절차 | 자본금대체 | 영업권포함 | 기존법인 존재 |
| 대표사례 | 음식점업 등 | 부동산임대업 등 | 제조업 등 |  |

## Tax Law & regulations

■ 양도소득세 이월과세 적용요건

| 구분 | 이월과세적용요건 |
|---|---|
| 조특법 제32조 | • 동일사업장 전체 사업용자산을 현물출자하여야함.<br>• 법인을 설립하고, 그 법인설립일부터 3개월 이내에 해당 법인에게 사업에 관한 모든 권리와 의무를 포괄적으로 양도하여야함.<br>• 개인기업주는 회사설립시 발기인으로 참여하여야 하고 법인으로 전환하는 사업장의 순자산평가액 이상을 출자하여야함.<br>• 호텔,여관,주점등 유흥서비스업에 해당되지 않아야함 (관광유흥음식점제외)<br>• 현물출자시 평가한 영업권은 이월과세대상이 안됨. 매입영업권만 해당. |

# 15_
# 법인CEO 생명보험 납입액
# 상속세 재원확보의 필요성

## | CASE

시화호 공단에서 제조업을 영위하는 B사의 법인 대표이사는 평생을 사업에 매진한 상태라 개인적인 자산을 아파트이외에는 거의 소유하고 있지 않다. 최근 재무이사로부터 B사의 1주당 주식가치가 20만원 정도라고 보고 받았다. 법인 주식수가 4만주(액면가 5천원)이므로 약80억원의 주식가치가 있는 상태이다. 아파트를 합치면 약90억원의 재산이므로 본인이 사망하는 경우 상속세 재원이 상당히 부족하다는 것을 알고 주위의 법인명의로 종신보험을 월납 3천만원을 가입하였다. 회계처리를 고민하던 중 납입보험료중 특약과 매년말 적립보험료의 평가손실을 비용처리하였다.

## | Taxation

국세청은 제조회사 B사의 법인세 정기조사시 회사가 최근 3년간 회사잉여금으로 생명보험금을 가입한 사실을 면밀히 검토한 결과 납입보험료 중 특약과 적립보험료의 매년말 평가손실을 과다하게 비용처리한 것을 확인하고 적립보험료의 평가손실을 부인하고 〈유보〉처분하여 법인세 및 가산세 7천만원을 고지하였다.

## Tax Tip

 미국연방세법 제7702(a)에서도 보험상품을 생명보험의 성격과 투자성격을 구분하기 위하여 해약환급금 적립검증요건(cash surrender value) 및 가이드라인 보험료 요건(Guideline level premium)또는 해약환급금 차액검증요건(Cash Value Corridor Test)을 매년 테스트 하도록 하여 순수보장성보험과 보장성 보험속에 내재된 적립보험료를 구분하도록 하고 있다. 혼성보험을 기업에 이식하는 경우 자산성과 비용성을 반드시 구분하여야 한다. 기업보험계약은 절세상품이 아니라 기업의 대표이사가 사망하는 경우 기업이 가지게 되는 재무적 리스크의 총량을 보존하는 계약이다.

..........................

## Tax Law & regulations

■ 경영인정기보험료의 손금산입시기

 내국법인이 대표이사를 피보험자로 하고 계약자와 수익자를 법인으로 하는 보장성보험에 가입한 경우 내국법인이 납입한 해당 보험료를 보험기간의 경과에 따라 손금에 산입하는 것이며 상기 보장성보험의 해약으로 지급받는 해약환급금은 해약일이 속하는 사업연도의 소득금액 계산 시 익금에 산입하는 것임(서면법인2018-1779, 2018. 07. 18)

## CEO 은퇴 시 퇴직금 재원 부족 Risk도 장기적 안목으로 해결 가능

■ 전기납 / 80세납 등 장기간 납입으로 단기 퇴직금 재원 마련 부담 축소

* 경영인정기보험(무배당, 보증비용부과형), 50세 남, 기본형(최저해지환급금 보증형), 주보험가입금액 1억원, 90세 만기, 15% 체증형, 월보험료 723,000원

※상기 예시는 공시이율 2.50%('17. 4월)을 기준으로 산출한 것이며 공시이율 변동에 따라, 해지환급금 예시는 변동될 수 있습니다.

삼성생명이 지난달 28일 출시한 '경영인정기보험' 상품 도해〈사진=상품교육자료〉

# 상속세 계산 절차

**상속재산가액**

- 총상속재산가액
  - 본래의 상속재산(사망·유증·사인증여 취득재산)
  - 간주상속재산(보험금, 신탁재산, 퇴직금 등)
  - 추정상속재산(사망전 1년내 2억원, 2년내 5억원 이상으로 용도 불분명 처분재산·채무부담액)

(−) 과세제외 재산
  - 비과세 재산(금양임야·문화재 등)
  - 과세가액 불산입재산(공익법인 출연재산 등)

**과세가액**

(−) ①공과금 / ②장례비 / ③채무
(+) 합산대상 사전증여재산(상속인 10년, 기타 5년)

상속세 과세가액

**과세표준**

(−) 상속공제
  - (기초공제+기타인적공제)와 일괄공제(5억) 중 큰 금액
  - 배우자공제(5억–30억)
  - 가업(영농)상속공제
  - 금융재산 상속공제
  - 동거주택 상속공제(주택가액*80%, 5억한도)
    *단, 위 합계 중 공제적용 종합한도내 금액만 공제 가능

(−) 감정평가수수료

상속세 과세표준

**산출세액**

(×) 세율 • 10%~50%의 5단계 누진세율

상속세 산출세액 (+) 세대생략상속 할증(30%) 세액 (미성년자 20억원 초과시 40%)

**결정세액**

(−) ①징수유예 / ②증여세액공제 / ③외국납부세액공제 / ④단기재상속세액공제 / ⑤신고세액공제

상속세 결정세액

**총결정세액**

(+) 신고·납부불성실가산세

총결정세액 (−) 연부연납·물납·분납·신고납부 (=) 자진납부(고지)세액

# 상속개시시 필요한 서류 및 절차

## 1 절차관련

상속세법 제67조에 따라 사망일의 말일로부터 6개월 이내에 피상속인의 주소지인 납세지 관할세무서장에게 신고. 상속세 신고기한 이내에 무신고시에는 자녀공제 및 연로자공제, 장애인공제, 미성년자공제와 같은 인적공제는 배제되고 일괄공제 5억원만(배우자공제별도) 인정. 또한 상속세 미신고시, 부정무신고인 경우에는 신고불성실가산세 40%를, 일반무신고인 경우에는 납부세액의 20%의 가산세가 부과. 향후 추징세액이 발생하는 경우 납부불성실가산세 2.5/10,000(연리 9.125%)가 추가적으로 부과. 따라서 가능한 상속세 전문가에게 의뢰를 하여 사전증여 등 쟁점사항을 검토하여 정확하게 신고를 하는 것이 중요.

- 정부3.0 안심상속 원스톱서비스를 이용. 가까운 주민센터 통합신청하여 모든 재산조회
- 사전증여재산내역(국세청홈택스이용)
- 배우자공제 및 향후 재차상속을 고려하여 상속인간 협의분할(세무사결정)
- 부동산등기등 협의분할에 따라 상속등기(6개월 이내 취득세신고납부)
- 상속재산평가 및 상속세신고(6개월 이내)
- 상속세조사 및 결정(경정)

## 2 필요서류

- 사망진단서
- 가족관계증명서(제적증명서)
- 재산조회내역(정부 3.0 안심상속 활용)
- 재산협의분할서(세부담 고려 세무사 작성)
- 사전증여세신고서 조회(국세청 홈택스)
- 상속개시일전 10년 이내 금융자료내역서 출력

## 상속개시시 필요한 서류 및 절차

### ③ 상속세신고시 주요업무

- 상속재산 및 채무 분석
- 금융재산 10년간 분석 및 대응방안 검토
- 재산협의분할서 작성(향후상속고려)
- 상속세신고 및 사전증여재산합산 후 신고서 작성
- 상속세조사대리 약3개월-6개월(과세관청 조사대응)
- 조세불복(조세심판원)

### ④ 상속재산 리스트 체크 목록

| 재산항목 | 평가방법 | 해당여부 |
|---|---|---|
| 아파트 | 매매사례가액(당해재산의 감정가액 우선적용) | |
| 상가 | 기준시가(감정가액 예정) | |
| 토지 | 개별공시지가 | |
| 단독주택 | 단독주택공시가격 | |
| 예금 | 잔고증명서 조회 | |
| 상장주식 | 상속개시 2개월 전·후 평균가격 | |
| 비상장주식 | 순자산가치, 순이익가치 3년 가중평균 | |
| 명의신탁주식 | 주식환원검토 | |
| 골프회권권 | 기준시가 | |
| 콘도회원권 | 기준시가 | |
| 차량, 선박등 | 시가표준액 | |
| 서화, 골동품 | MAX(둘이상감정평가액 또는 감정평가심의위원회) | |
| 사전증여재산 | 증여시 과세표준 | |
| 생활비 | 규모에 따라 사전증여과세 | |
| 사전처분재산 | 증여혐의 검증 | |
| 사전인출재산 | 상속재산 추정 또는 과세관청 입증 | |

\* 위의 평가방법은 시가가 원칙이고, 시가가 없는 경우 감정가액 또는 기준시가를 적용하게 됩니다. 위의 예시는 시가가 없는 경우 일반적으로 신고할 때 적용되는 평가방법을 나타낸 것입니다. 상속세가 나오지 않는다면 감정을 활용하여 취득가액을 높여서 신고하는 것은 절세에 도움이 됩니다.